ストーリーでわかる
エンゲージメント入門

組織は「言葉」から変わる。

黒田天兵
KURODA Tempei

朝日新聞出版

言葉は存在の家である。

――マルティン・ハイデッガー

はじめに

高い一体感を持って急成長を遂げるような、「強い組織」に共通するもの――。それが、本書のメインテーマである「エンゲージメント」です。

サントリー、リクルートなどの有名企業が、エンゲージメントを重視した経営を行っていることが知られています。エンゲージメントは今、業績・生産性・顧客評価・欠勤率・転職率・事故発生率・品質の欠陥率などといった組織のあらゆる課題に効く指標として注目されています。

エンゲージメントとは、一言で表すと、「誰か・何かに貢献しようとする志」のことです。そして、このエンゲージメントを高めるために欠かせない取り組みが「インナーブランディング」です。エンゲージメントについては第1章で、インナーブランディングについては第3章で詳しく解説しています。

私はこれまで、エンゲージメントの本質を理解し、その向上方法を見出すべく研究し続けてきました。エンゲージメントにおける最も大切な要素は、『組織は「言葉」から変わる。』という本書のタイトルにある通り、「言葉」です。本書で最もお伝えしたいことは、「所属する組織の存在意義」と「自分自身が働く意義」を言語化することの重要性です。

では、なぜ「言葉」が重要なのか？　ともすると概念的、抽象的な解説になりがちなテーマですが、その重要性をより具体的に理解していただけるようにとの思いから、本書ではストーリー形式を選択しました。

本書の主人公・今居完人《いまいかんと》は、新卒入社17年目で、38歳。大手素材メーカーの株式会社SOZAIに、開発営業を担う課長として勤務しています。SOZAIは、既存事業を今まで通りこなし続けるだけでは今後の大きな発展が望めない、という状況に置かれています。そんな中、社長直轄の新規事業開発チームが設立され、今居はそのリーダーに抜擢されます。SOZAIの社長・古井二一《ふるいにいち》は、創業者・古井史輪《ふみあき》の甥で、二代目です。

本書のストーリーは、今居が悪戦苦闘しながら「言葉の重要性」を学んでいく、成長の軌跡でもあります。そして、そんな今居にエンゲージメントとインナーブランディングの真髄を教えるのが、組織変革のコンサルタントとして活躍する灰出巌《はいでいわお》です。

60歳の灰出は、今居が通った高校のサッカー部の雇われ監督だった経歴を持ち、今居はそのサッカー部員の一人だったという間柄でもあります。

私がエンゲージメント——すなわち、志——の重要性に気が付いたのは、ブランド・コンサルタントという仕事柄、多くの一流のビジネスパーソンにお話を聞かせていただく機会に恵まれてきたからでもあります。一方で、100社、200社と様々な組織の内情をヒアリングする中で、「(組織として) やりたいことはあるのだが、人がついてきてくれない」と悩む会社が世の中にはたくさんあるということもわかってきました。

そんな悩みに答えるべく、これから、インナーブランディングを通じてエンゲージメントを高め、社員と会社の最高の関係をつくる方法を解説していきます。

エンゲージメントは、終章にもある通り、働くすべての人にとってのそれぞれの「ここで働き続ける理由」でもあります。今居がそうなるように、エンゲージメントはよりイキイキとした日々をもたらしてくれます。

これから始まる今居の成長ストーリーを通じて、エンゲージメントの魅力を追体験してください。そして、ぜひご自身のエンゲージメントを考えてみてください。

本書が、働くすべての人の背中を後押しする力となれば、著者として望外の喜びです。

2020年1月

黒田天兵

組織は「言葉」から変わる。

目次

第2章

組織変革は「エンゲージメント」の計測から始まる

第3章 エンゲージメントを高める「インナーブランディング」

第4章 「インナーブランディングの担い手」は誰か？

解説

企画協力　天田幸宏（コンセプトワークス株式会社）
ブックデザイン　山之口 正和（OKIKATA）

第1章

「エンゲージメント」って何だ？

チームを強くする監督の条件

「うちの高校のサッカー部弱くなったなあ……。インターハイに出場していたあの頃とは全く別のチームだよ」

久しぶりに母校に足を運んだ今居《いまい》完人《かんと》は、少し寒くなってきた秋空の下、グラウンドで練習する後輩たちの練習の様子を見て、そう独りつぶやいた。高校を卒業してから、20年が経っていた。

「自分が入部したばかりの頃のサッカー部も弱小だったよな。やっぱり監督次第で、チームの強さってのは大きく変わる。うちの会社も、経営陣が腐っているから、どんどん弱体化していってるんだろうな」

今居は、大学を卒業後、大手素材メーカーの株式会社ＳＯＺＡＩに就職。それから16年が経った現在は、経営と現場の狭間に立つ課長として働いていた。つまり、中間管理職である。

開発営業という職種で入社した今居は、同期入社でナンバーワンの実績を出し続け、上司からも部下からも慕われる目立つ存在だった。しかし最近、立場が変わったことで初めて、多くの葛藤と向き合うようになっていた。

「うちの会社はもうダメかもしれない……。部長陣は現場のことが全然わかっていないし、新規事業開発に注力しなくちゃいけないはずなのに、時間と人員を割こうとしない。現場は現場で、自分を奮い立たせて努力しようとする人間が少なすぎる。何か注意すると、すぐ『今居さんだからできるだけ』とか『今居さんは社長に気に入られているから』とか抜かしやがる」

今居が苛立《いらだ》っていることは、二つあった。

一つは、自分の上司、つまり会社の部長陣に対してである。

これまで、SOZAIは自動車部品の大手メーカーを主な顧客にして、成長してきた。自動車部品の素材をメーカー側と一緒に研究開発するというスタイルを強みとしていた。

しかし近年、自動車業界は電動化・クルマの非所有化・自動運転化の流れを受けた大きな変革期にあった。SOZAIとしても、既存事業を今まで通りこなし続けるだけでは今後の大きな発展は望めない、という状況が、はっきりと目に見えていた。

そのため今居は、社長直下の新規事業開発チームにも参画し、既存事業の課長としての仕事も兼務しながら、新規事業開発に注力しようと意気込んでいた。しかし最近になって、既存事業の部長から、この取り組みにストップがかかったのである。

「既存事業の売上が思わしくない今、売上を最大にし、コストを最小にする努力に、もっともっと取り組まなくちゃいけない。今居、お前はうちの部門のエースだ。そんなお前が、うちの屋台骨である既存事業の発展から逃げてどうする。新規事業より前に、今、目の前のことに集中しろ」

ある時、既存事業の部長に呼び出され、突然こう言われたのだった。

今居は心の中で、この言葉に相当な苛立ちを覚えながらも、部長の言うことを全く理解できていないわけではなかった。

既存事業には無駄が多い。まだまだ業務を効率化できる点がたくさんある。また、若手の育成という観点でも、人事に丸投げするのではなく、現場がもっと積極的に関わることで、若手の早期戦力化が実現できるのではないか。そのようなことは、以前から考えていた。

一方、今居には、自らが優秀であるがゆえに、自分と同じように仕事ができない部下たちのことを理解できないという葛藤もあった。これが、もう一つの苛立ちの原因である。入社以来、課せられた目標は達成してあたり前、と考えていた彼には、最近の若手が自分の目標を達成してもいないくせに、会社や自分に対して口答えするのが我慢ならなかった。

「時間がないんですよ。働き方改革、うちの会社も推進しているんですよね？　だったら、無理をしろというのは違くないですか？」

「そもそも市場が縮小しているんですよ。昔売れていた人だって、今は売れませんよ。そろそろ辞めようかな。うちの会社、未来ないっすよ」

後輩と飲みに行くと、こんな言葉を浴びせられ続けていた。

そのたびに、少々感情的になりやすい今居は、時には説教したり、時には一緒に真剣に悩んでみたり、時にはただ単純に心の底から一緒に新しいことをやろうと頼んでみたりしていた。しかし、徐々に疲弊してきていた。

「自分が一人ひとりと向き合って、個人を奮い立たせるのには限界がある。一人ひとりがいくら今のやり方で頑張ったって、売上が1・1倍とか1・2倍にはなるかもしれないが、2倍になることはない」というのが、今居の最近の気づきだった。

だからこそ、「会社の成長のためにも、新規事業の方に注力しよう！」と意気込んでいたのだが、それも部長に抑えつけられてしまった今、活力が失われてきていた。

そんなことを考えながら、ぼーっとしていた今居の背中に声がかかった。

「完人、久しぶりだな。予定の時間よりだいぶ早いな」

サッカー部時代の監督だった灰出巌《はいでいわお》である。

「先生、お久しぶりです！」

今居はすぐさま立ち上がった。

灰出は、今居が3年生になるまでの2年間で、弱小と言われていたサッカー部をインターハイ出場にまで押し上げた名将である。今居が高校1年生の時、サッカー部に突然、雇われ監督としてやってきたのだった。

今居の卒業後も、灰出が監督の間は、サッカー部は好成績を出し続けていた。灰出は、今居が尊敬してやまない存在である。

「完人、サッカー部の練習後に、今の監督と1時間くらい話してくるから、その後、飲みに行こう」

実は、最近の会社での仕事に悩んでいた今居が、ふと思い立って、灰出に連絡したのである。ちょうど灰出が今居の母校のサッカー部に足を運ぶ予定があるというので、グラウンドで待ち合わせてから飲みに行こうという約束をしていた。

「わかりました。久しぶりに自分もサッカー部の様子を見たいと思って、予定よりだいぶ早く来てしまったので、お気になさらないでください。時間になったら、予約した店に先に入って待っていますね」

「わかった。ではちょっと行ってくる」と灰出は言って、すぐグラウンドに駆けていった。

灰出の軽やかな足取りを見て、今居は「先生ももう60歳のはずだが、まだまだお元気だな」と思った。

「一人ひとりが自主的に創造性を発揮するチーム」のつくり方

予定していた時間の15分前に今居が店に入って間もなく、灰出が入ってきた。

「完人、待たせたな」

灰出がドカッと座って言った。

「いえいえ、全然！　早かったですね。灰出先生、今日は貴重なお時間をいただき、ありがとうございます。飲み物は、ビールでいいですか？」

「ああ、ビールで。しかしお前も、サラリーマンになったな。もう20年も経つか？　卒業してから」

「はい、僕が卒業してから今年でちょうど20年です。僕も会社ではもう課長です。新規事業開発チームのリーダーとしてのポジションも任されています。先生に学んだことを活かして頑張っています。あ、ビール来ました」

二人は冷えたジョッキをチンと合わせて乾杯した。

「見えすいたことを言うな。お前はキャプテンでもなかったし、チームマネジメントや新規事業開発に関わることを教えた記憶はないぞ」

ビールの泡がついた顔でニヤッと笑い、灰出が言った。

「確かにそうですね。だからこそ、今日はそういったお話をご相談したく、お時間をいただいたんです」

今居は、この笑顔にほっと安心していた。

灰出と言えば、監督時代は鬼と恐れられ、非常に厳しい指導で有名だった。今居自身、かなり厳しい指導を受けたこともある。しかし、それでもついていきたいと思える魅力が、灰出にはあった。

灰出のつくったチームは、皆が同じ目的に向かって高い一体感を持ち、一人ひとりが自主的に創造性を発揮するチームだった。そして、結果につながる明確な戦略と戦術を持っていた。誰一人、迷うことなく日々のサッカーに熱中していた。

そんなチームづくりの秘訣《ひけつ》を、今居はどうしても知りたくて、灰出本人に連絡してみようと思ったのだった。

昔話に花が咲く中で、今居が次の質問をした。

「先生は、僕らの高校を辞めた後、他の高校をいくつか転々として、企業に就職されたのですよね？　そしてその後、起業されたと聞いています」

今居は事前に、灰出のことをネットで調べていた。灰出は現在、サッカーの監督としてではなく、一人のビジネスパーソンとして有名になってきていた人物であり、知る人ぞ知る、組織づくりのコンサルタントだった。

「そうだ。雇われ監督として、色々な高校のサッカー部を指揮して……。別の高校では、インターハイ優勝なども経験したんだがな。ある時、サッカーだけじゃなく、自分の考えてきたことややり方を活かせば、もっと広く社会に貢献できるんじゃないかと思い、一般企業に入った。役員としての立場も与えられ、2社渡り歩いた。今は、そこでの経験をさらに活かして、自分で会社をやっているよ」

灰出は、にこやかな面持ちでそう答えた。

「そうでしたか。すごいですね。一般企業ではどんなことをされてらっしゃったんですか？」

「『エンゲージメント』という言葉は聞いたことがあるか？　組織の風土改革の執行役として、『インナーブランディング』の手法を通じて、『エンゲージメント』を高める組織づくりの担い手として働いていた」

「ああ、『エンゲージメント』、『インナーブランディング』ですね……？」

今居は、実は意味をよく知らないワードだったにもかかわらず、思わず知ったかぶりをして、相槌《あいづち》を打ってしまった。

「ああ、そうだ。『エンゲージメント』と『インナーブランディング』だ。今はその経験をさらに活かして、『エンゲージメント』を高めるサービスを創ってもっと多くの人たちに役に立てるように、色々なベンチャー企業の商品開発のサポートをしている……。まあ、俺の話はネットで検索すればすべて出てくるよ。今日はどんな相談がしたかったんだ？」と、灰出はすっと話を切り替えた。

灰出には、会話をしながら、今居が自分の話も聞いてほしくてうずうずしているのが、手に取るようにわかっていたからだ。

今居は、灰出の温かい雰囲気に後押しされ、堰《せき》を切ったように話し始めた。

会社の状況、自分の会社での立場と役割、部長から言われたこと、現場の皆の雰囲気……すべて話した。

「うちの会社は、今とてもギスギスしています。上司も部下も同期も。お互いにお互いを知ろうとしない。部署が違えば、名前もわからない、話したこともない人が大勢いる。そういう状況です。一人ひとりと腹を割って話してみれば、本当は気のいいやつばっかりなのに。

うちの会社は、東大、早稲田、慶応などの出身者も少なくないですし、みんな優秀です。でも、最近になって、みんな、活力を失ってしまっているんです。仕事が面白くなく、やる気を失《な》くして、会社にぶら下がっているだけの人もいる。何でこんなことになってしまったのか。

本当は素晴らしい素養を持った仲間たちと、ギスギスせずに、手を取り合って、みんなで一緒に未来に向かって頑張っていきたい。一人ひとりに幸せになってほしい。そういう雰囲気にしたい。そう思って、きっと先生ならその方法を知っているだろうと思い、相談のお時間をいただいたんです。

先生はそういうチームづくりを、僕らの時にしてくださったから！」

最後にそう言った今居は、自分の言葉が自分に刺さって、少し涙目になった。そうだ、俺はこの会社をよくしたい。みんなで手を取り合って頑張りたい。

しかし、こう言い終わった後に、灰出は厳しい表情になってこう言った。

「ギスギスしている雰囲気がよくなって、みんなが仲良くなれば、会社の経営はうまくいくと思うか？」

灰出は、今居の目を真っすぐ見て質問した。

「えっ？　いや、仲良くなるだけじゃうまくいかないとは思いますが……」

今居はたじろいだ。これまでサッカー部時代から、灰出に厳しいことを言われたことはあったが、灰出のこの顔は初めて見たからだ。

「そうだ。仲良くなるだけじゃ、うまくいかない。仲良くなりたいんだったら、運動会でも、周年イベントでも、バーベキューでも、みんなが楽しめるような会を開けばいい。そうすればみんな、心が開いて仲良くなれるぞ。でも、それだけじゃダメだ。

もっと厳しいことを言おう。完人、お前は会社の未来を任されているポジションになろうとしている。そんなお前が、そんな甘っちょろいことを言ってたら、お前のせいで会社は潰れるぞ」

灰出は、はっきりと言った。

「……!?」

今居は絶句した。

「俺がサッカー部の監督をしていた時、どんなチームづくりをしていたか？　何を考えて、どんな施策を打っていたのか？　お前はプレーヤーだったから、知らないのは当然だが」

「え……。聞いてもよいですか？　何を考えてらっしゃったのでしょうか？」

恐る恐る今居は聞いた。

「チーム全体の理想とする姿に対して、選手一人ひとりに意欲高く取り組んでもらえるように、と常に考えていたよ。そういう状態を保つために、マネージャーも含めた部員一人ひとりと向き合って、なぜこの部にいるのか、どうなりたいのか、何が強みなのか、そうしたことを明確に言語化させていたつもりだ。

つまり、今の時代で言う、部員一人ひとりの『エンゲージメント』を高めることを考えていたんだ」と灰出は言った。

「エンゲージメント」と「モチベーション」は似て非なるもの

確かに灰出は、部員一人ひとりとしっかり面談の時間を持って向き合ってくれる監督だった。「お前のためだけに、サッカーをするな」という言葉が灰出の口癖でもあった。

そんなことを、今居は思い出した。

「確かにそうでした！　先生は、僕ら一人ひとりと向き合ってくださいました……。しかし、うーん……、つまらないプライドを捨てて聞きます。『エンゲージメント』って何ですか？　よくわかってないです」

今居は、灰出に馬鹿にされるのを覚悟して、素直に聞いた。

「『エンゲージメント』のそもそもの意味か。なんだ、知らなかったのか」

「はい、実は……」

今居は先ほど知ったかぶりをして相槌を打ったことが恥ずかしく、少しだけ顔を赤らめた。

「なんだ、熱く会社のことを語った割には、不勉強だな」

「そう言わないでください……。『エンゲージメント』という言葉は最近、新聞でもよく見ますし、会社でもキーワードとして出てくるのですが……。先生のお話を聞いていると、『モチベーション』のことと思ったのですが、『モチベーション』とは違うんですか？」

「『エンゲージメント』は、『モチベーション』とは似て非なるものだ。『エンゲージメント』ってのは、つまり、近年非常に注目されている経営のモノサシの一つだよ。会社経営の判断は数字で成り立っている。これはわかるな？」

「はい、もちろん。経営の判断材料になる指標には、色々なものがありますよね。ＰＬやＢＳなどの財務諸表が読めるくらいの会計知識なら、僕もちゃんと勉強しましたが」

今居は、ちゃんと勉強していますということをアピールするように言った。

「確かにPLやBSも重要な指標だ。しかし、それ以外の指標もたくさんある。どういう指標があるかわかるか？」

「財務諸表以外の数字ですか……？　何だろう、従業員満足度（ES）ですか……？　一人当たりの売上高？　営業利益率もよく言われますよね……。それとも事業上のKPIなどでしょうか？」

「それらも確かによく話題にあがる指標だ。でも、頭を柔らかくして考えてほしい。もっともっと計測できる数字はたくさんあるんだよ。例えば、だぞ。社員の身長、体重、血圧だって測れるだろう」

灰出は手を伸ばし、今居のお腹をポンと叩きながら言った。

「やめてください。卒業してからロクに運動してないんですよ……。でも確かにそうですね、毎日体重計に乗ればいいだけですから、計測は可能ですね。しかし、そんな指標、経営と関係ありますか？」

「例えば、全員の健康状態が心身ともにすこぶるよかったら、経営は上向くと思わないか？」

「確かに。全員が健康なら、よい成績が残せそうです」と今居は小さくうなずいた。

一時期太りすぎて、階段を上るのさえ辛かった時期がある。そんな状態よりは、体が軽い方が営業としてはよい成績を残せるはずだ。

「『経営をしていく上で、どの指標を見て判断していくのが最もよいのか？』という議論は、昔からあるんだよ。

ただ、昔に比べて、現代では多くのことを数値化できるようになった。健康状態、位置情報、データをやり取りした回数、メールの閲覧数、社内ＳＮＳへのログイン率など、数値化できるものはたくさんある。それらを経営指標として活用することも可能になった。

その中の一つとして、『エンゲージメント』というものもあり、最近、この指標を見て経営するのが大事だと言われるようになったんだ」

「エンゲージメント」はマーケティング用語でもある

「なるほど。『エンゲージメント』は経営の判断をする上での重要な指標の一つということですね……。しかし、結局、『エンゲージメント』って何なのでしょう？　何を測るのですか？」

「それを説明するには、マーケティングの文脈で使われている『エンゲージメント』と比較するとわかりやすい。『エンゲージメント』は、今は組織の内《うち》を測る指標として注目されているが、元々はマーケティングの世界で出てきた言葉なんだ。しかも、日本でも2009年くらいに注目された、結構古い概念だ。紙とペン貸してくれ」

「あ、わかりました」と言って、今居はバッグから紙とペンを取り出した。灰出はペンを受け取って、二つの図を描いた（図表1）。

「一昔前は、マーケティングは『注意→興味→欲求→記憶→購買』とされていた。SNS

［図表1］　マーケティングの図

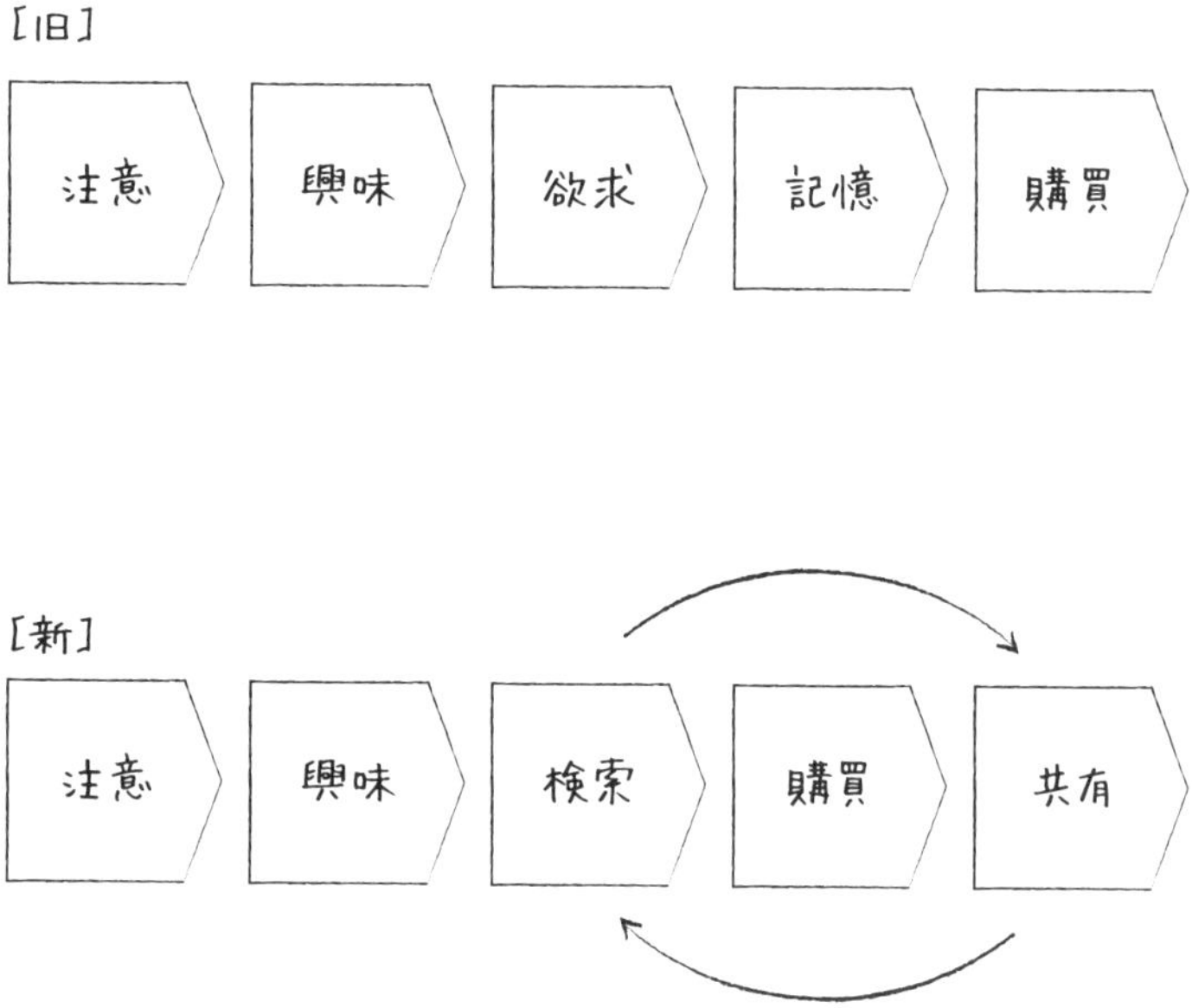

が流行する直前のことだ」

「ああ、これは『ＡＩＤＭＡ《アイドマ》』※1のことですよね。それくらいなら知ってます」

「お前、いちいち知ったかぶりするな。プライド捨てたんなら、黙って聞け」

「はい……」

先生は厳しいなあ、と今居は思った。

「ＡＩＤＭＡとか、他にもいっぱいマーケティングのフレームはある。大事なのは、その本質だよ。

こういうフレームが大流行した背景には、企業がモノを売るために重要視していたのが、消費者・ユーザーにいかに知ってもらうか、興味を持ってもらうか、ということだけだったということだ。一昔前のＣＭは、水着のおねーちゃんが出てきたり、意味わかんない歌を歌ってたり、とにかく目立てばよかったものが多かっただろう？」

「確かにそうですね」と今居は言った。

「昔のマーケターが注目していた指標は、『視聴率』とか『街頭アンケートでの知名度』だ。でも、そういう指標とモノの売上との相関が疑問視されるようになってきた。みんなが知ってるからって、モノが売れる時代じゃ、今はなくなったんだよ。

例えばそうだな。今居が、家の掃除が面倒くさいな、お金で解決しよう、という時、まずどうする？」

「え、家の掃除ですか？　そうだな……。自動の掃除機、例えば、ルンバを買おうかな～ってなりますかね」

「で、その後どうする？」

「検索しますかね。スマホで。『ルンバ　おすすめ』とかですかね。で、ネットで色々なルンバの評判を見たりして」

「そう、『評判』を見るだろう。これを計測するのが『エンゲージメント』なんだよ」

「え、どういうことですか？」

「かつては、消費者・ユーザーは何かモノを買っても、使った感想を発信することなんてしなかった。口コミとか噂ってのは、昔からあったが、そうした感想の量を企業側は計測することができなかったんだ。

しかし今の時代、誰でもインターネットを通じて、情報発信ができるようになった。しかも、大勢の大衆に向けてな。購入したモノについて、価格比較サイトで調べたり、SNSで共有できたりするようになったんだ。

そうしたら何が起こったか。モノへの『推奨』が計測可能な数値で可視化できるようになったんだよ。これが『エンゲージメント』という指標になった。

そして、この『エンゲージメント』が、以前は重要視されていたそのモノに対する『認知度』とか『関心度』より、売上と相関があると考えられるようになって、信頼の置ける指標になったんだよ」

灰出は箸を使って先ほどの図を指しながら、得意げに話した。しかし今居は、よくわからないという顔つきで、眉をひそめていた。

「……おい、聞いてるのか。お前が聞いたんだぞ」

「あ、はい、すみません。ちょっとマーケティングの話だとピンとこなくて……」

「誰か・何かに貢献しようとする志」を計測する

「なんだ、まだ、マーケティングにおける『エンゲージメント』の説明をしただけで、組織内における『エンゲージメント』の話にも入ってないんだぞ。

つまりだな、マーケティングにおける『エンゲージメント』はごく簡単に言うと、『共有する』という行動を測る指標のことだ。それを組織内に置き換えると、どうなるか？こうだよ」

灰出は、ペンを取ってマーケティングの図に書き足した（図表2）。

「組織内における『エンゲージメント』ってのは、会社の理念・戦略に対する『貢献』を

[図表2] エンゲージメントの図

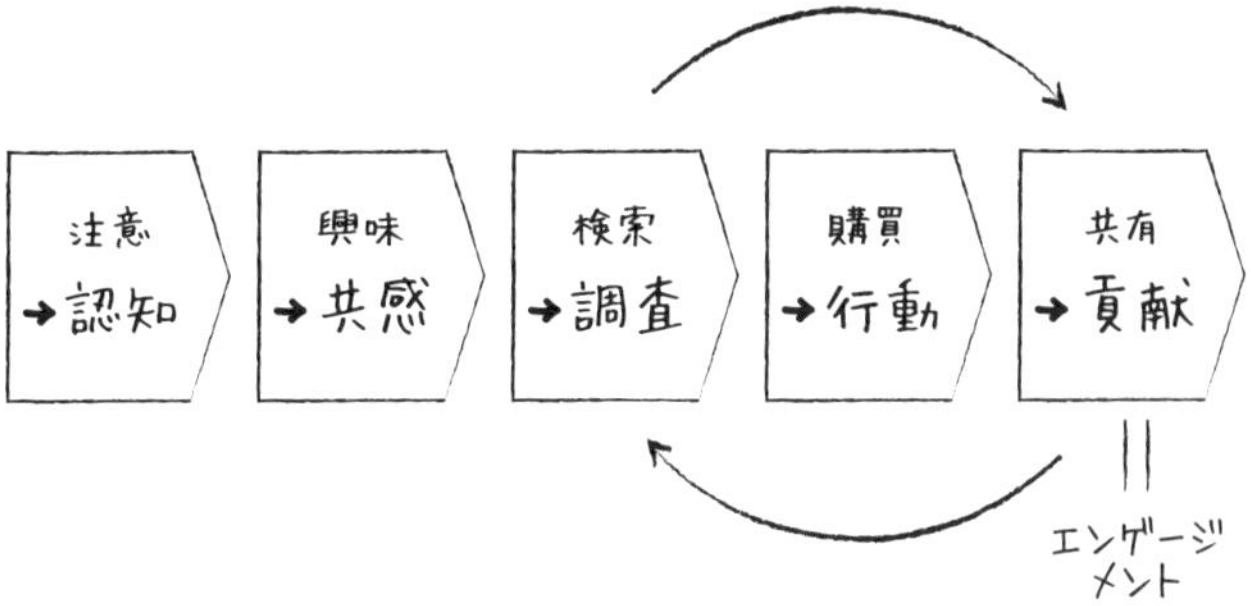

測る指標のことだ。これを世界的なコンサル会社のウイリス・タワーズワトソンは『従業員それぞれが、会社が実現しようとしている戦略や目標を理解し、腹落ちして、そこに向かって、自らの力を発揮しようとする自発的な貢献意欲』と定義したがな。つまり、社員のエンゲージメントが高いほど、組織にとってもプラスだってことだ。わかるか？」

「いや〜、小難しいですね。これじゃ、部長に説明できない」

今居は灰出の話を聞いているうちに、すっかり酔いが回ってきてしまった。お酒が回ると、今居は気が大きくなる。

「ん？」

灰出は、何を言っているんだこいつは、という声で聞き返した。

「こんな説明してたら、話が長い、もっと端的に説明しろって、絶対言われます」

今居は酔っぱらってはいたが、本心だった。エンゲージメントというものが「経営判断に役立つ重要な指標」で、それが「組織への自発的な貢献意欲」を測るものであるという趣旨はよくわかったが、本質の部分が見えてこない。「結局は一言で言うと何なのか？」を知りたい、バシッと決めてほしいという風に思い始めていた。

「お前、酔うと、無茶苦茶なこと言うな！　腹が立つが、そうかわかりづらいか……、仕方がない……。わかった。『どうやって測るか』は横に置いておいて……、『何を測りたいか』『なぜ測るか』をもっとわかりやすく、スポーツ選手とかの力を借りて伝えよう……。お前、一流のスポーツ選手と言えば、誰が思い浮かぶ？」

灰出は、今居から顔をそむけると、ブツブツと独り言をつぶやいていたが、顔を上げると、今居に質問を投げかけた。

「え、誰でしょうね。野球のイチロー選手ですかね。平成の最後に引退しちゃいましたけどね」

灰出の言葉を待っていた今居は、すぐに目を輝かせて答えた。

「イチローか！　イチローの『エンゲージメント』は計測したことがないが、『エンゲージメント』が高かったと窺《うかが》える発言が数多くあるぞ」

「どういうことですか？？」

「例えばな、イチローは引退時の記者会見でこんな発言をしたんだ。覚えているか？

『ある時までは、自分のためにプレーすることがチームのためにもなるし、見てくれている人も喜んでくれるかなと思っていたんですけれど、ニューヨークに行った後ぐらいからですかね、人に喜んでもらえることが一番の喜びに変わってきたんですね。その点で、ファンの方々の存在なくしては、自分のエネルギーは全く生まれないと言ってもいいと思います』

それ以外にも、こんな言葉もあった。

『日本の野球がアメリカの野球に追従する必要なんて全くなくて、日本の野球は頭を使う面白い野球であってほしいと思います。アメリカのこの流れは止まらないので、せめて日本の野球は、決して変わってはいけないこと、大切にしなくてはいけないものを大切にしてほしいと思います』

お前、わかるか？　普通、ビジネスの世界でも政治家の世界でも、どんな世界でだって、人ってのは、基本的には自分のために行動するんだよ。

でも、一流の人は違う。自分の影響力をよく理解して、自分以外の何かのことを考えて、その何かのために行動するんだ。チームのため、仲間のため、応援してくれるファンのため。時に、自分の属する業界のため、社会のため。そして、これから生まれてくる子供たちのためとかな。本当の一流ってのは、そういうもんだ。

そういう人にはな、志が生まれているんだよ。個人のちっぽけな欲望とは違うんだ。『エンゲージメントが高い』というのは、そういう志が高い状態を指すんだ」

灰出は熱っぽく語りながら、年のせいか、涙ぐんでしまっていた。鼻水をすすって、最後にこう言った。

「お前にはあるのか？　そういう志が」

「なるほど！　ちょっとわかってきましたよ。『エンゲージメント』ってのは、つまり『誰か・何かに貢献しようとする志』のことなんですね！　もちろん、志は高い方がいい！　ビジネスパーソンで言えば、『自分がどう成長してどう偉くなるか』ってことではなくて、『社会にどう影響力をもたらすか』。そういうことを考えている人が、『エンゲージメントが高い』ってことじゃないですか！」

今居は、力強く言葉を締めくくった。酔いが回りすぎたせいか、今居も少し涙ぐんでいた。

「ああ、その通りだ。やっと理解してくれたか。俺は、そういう志ある人を、会社に一人でも増やすことによって、日本企業を、いや、日本全体を、盛り上げていきたいと思っているんだよ。それが、俺が長年研究と実践を繰り返してきたことなんだ！」

灰出は、笑顔でグッとビールを飲み干した。

※1　1920年代にアメリカで販売・広告の実務書を書いていたサミュエル・ローランド・ホール氏が『Retail Advertising and Selling（小売りにおける宣伝と販売）』の中で「広告宣伝に対する消費者の心理的なプロセス」として発表したマーケティングのフレーム。

解説

「エンゲージメント」が登場するまでの歴史とその定義について

これまでも、「企業の経営のモノサシとなる従業員の状態を測る指標は何か？」という議論は、非常に活発に行われてきました。

ＥＳ（従業員満足度）という言葉をご存知でしょうか？　１９９０年代から２０００年代にかけての一時期には、このＥＳが企業経営における重要指標として注目されていました。

しかし、従業員の満足度を徹底的に追求したアメリカのＧＭ（ゼネラルモーターズ）が２００９年に、同じくアメリカのコダックが２０１２年に経営破綻してしまったことがきっかけとなり、この指標の重要性に対して疑問符がつくようになりました。日本でも、従業員の満足度を追求していたワイキューブという会社が２０１１年に倒産したことが一時話題になりました。

そこで、「従業員の何を高めれば経営に寄与するのか？」が議論されるようになり、図表3のように色々な指標が登場します。その中で出てきた指標の一つが、「エンゲージメント」です。

［図表3］　従業員サーベイ（調査）の様々な指標

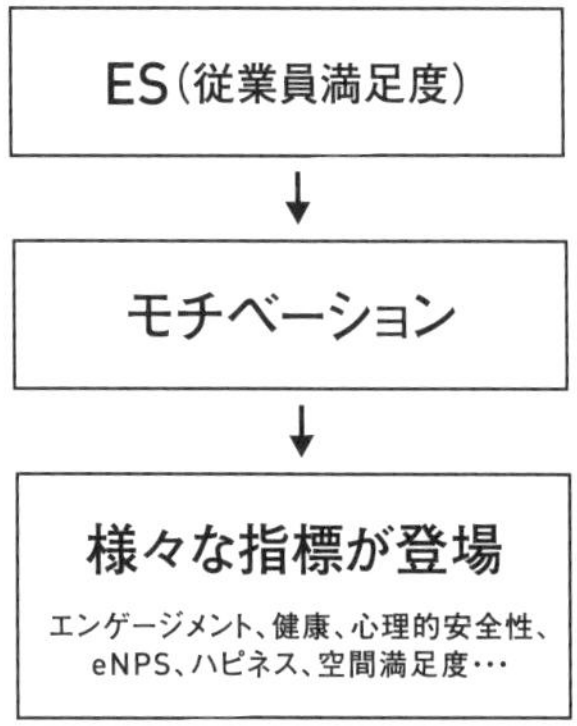

しかし、このエンゲージメントという指標が、非常に説明しづらく、定義も色々です。

・「仕事への熱意度」

・「社員が自分の仕事に対する誇りと情熱を持ち、主体的に仕事で期待以上の成果を出そうと頑張る気持ち」

・「従業員それぞれが、会社が実現しようとしている戦略や目標を理解し、腹落ちして、そこに向かって、自らの力を発揮しようとする自発的な貢献意欲」

3番目の定義は、灰出の発言の中にも出

［図表4］　エンゲージメントの簡易イメージ

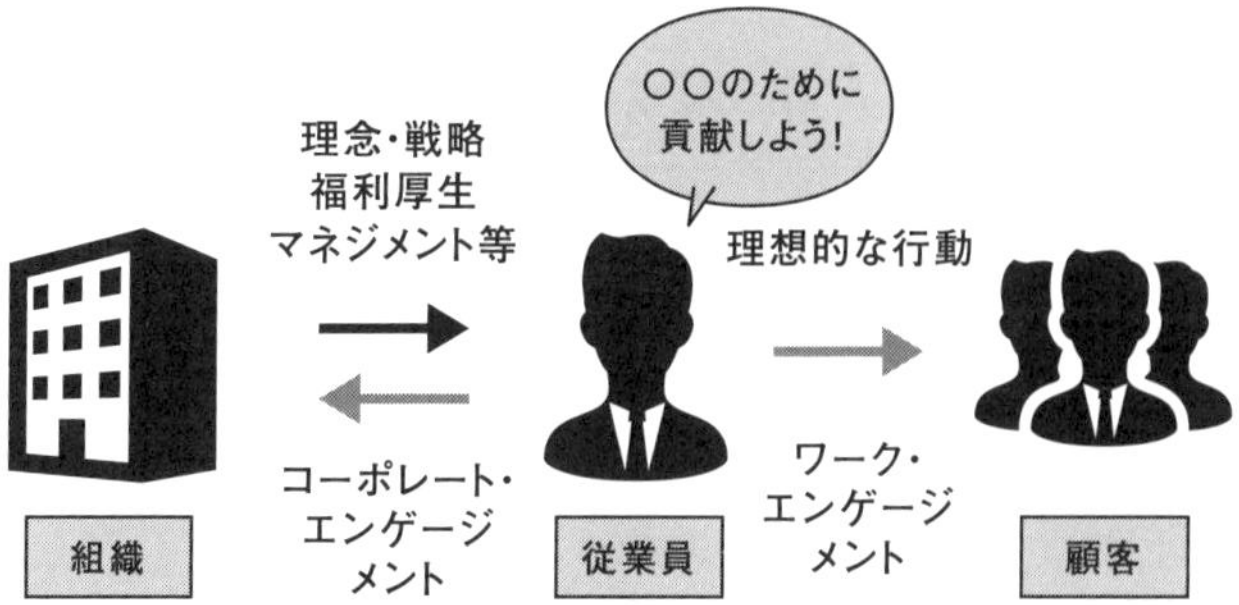

てきたように、世界的なコンサルティング会社「ウイリス・タワーズワトソン」によるものですが、私（筆者）としてはこれが最もエンゲージメントの本質に近づきやすい説明だと考えています。図にすると、図表4のようになります。

私は**エンゲージメントを説明する時、その定義を「〇〇のために貢献しようという意欲」と言っています。**〇〇には色々な言葉が入れることができると私は考えています。

例えば、次のようになります。

・広く「社会（ソーシャル）」のために貢献しようという意欲を測るのが、ソーシャル・エンゲージメント

［図表5］　様々なエンゲージメント

・所属する「会社（コーポレート）」のために貢献しようという意欲を測るのが、コーポレート・エンゲージメント
・所属する「チーム」のために貢献しようという意欲を測るのが、チーム・エンゲージメント

その他にも、「日本（ジャパン）」のためなら「ジャパン・エンゲージメント」、「家族（ファミリー）」のためなら「ファミリー・エンゲージメント」ということもできるかもしれません（図表5）。今居が大好きなイチローの意欲を測るなら「ベースボール・エンゲージメント」となりそうです。

企業の中でよく論じられるエンゲージメントは、「コーポレート・エンゲージメント」や「チーム・エンゲージメント」です。

灰出が本章の最後に熱弁をふるっていたエンゲージメントは「ソーシャル・エンゲージメント」のことを指しています。「チームや会社の枠を広げて、社会に目をやり、そこに貢献していこうと思える人を増やしていきたい」というのが、灰出の想いというわけでした。

次章以降で、**「エンゲージメントをどうやって計測するか？（第2章）」「エンゲージメントを上げるにはどうしたらよいのか？（第3章）」**について解説していきます。

第2章

組織変革は「エンゲージメント」の計測から始まる

どうすれば、志を持った社員は育てられるか？

灰出《はいで》と飲んだ翌日、少々二日酔いの状態の今居《いまい》は、会社に向かう電車の中で、ぼーっとする頭を左手で支えながら、スマートフォンにメモした灰出との会話の内容を見直していた。

○「エンゲージメント」は、あくまで指標の一つ
○「エンゲージメント」は、経営にとって重要な指標と近年言われている
○「エンゲージメント」とは、一言で言うと、「誰か・何かに貢献しようとする志」

今居の胸は躍っていた。この考え方をもってすれば、SOZAIの救世主になれるかもしれない。

しかし、この『エンゲージメント』を担当しているのは一体、うちの会社ではどの部署なんだろうか？　人事、広報、マーケ、業務推進辺りだろうか。まずは自社の活動の全容

を把握しなくてはならない。

酔うと少し阿保《あほ》な発言も多くなる今居だが、いきなり自分の部署の部長に話を持ち込んで潰されるほど、阿保ではなかった。大きな組織の中でうまく立ち回る術《すべ》は多少なりとも心得ていた。

最初は、秘密裏に動かなくてはいけない。社内で信頼できる誰かから情報を集め、提案の機を窺《うかが》う必要がある。そして、それを聞くための適任者が、今居の頭にはすでに浮かんでいた。同期で経営企画室にいる出川徹《でがわとおる》だ。

今居は、出川に「今日、昼飯でもどう？　ちょっと相談があるんだ」とＬＩＮＥで連絡を取った。出川からすぐに「ＯＫ」と回答が返ってきた。

昼休みになると、今居は会社を出て、出川と待ち合わせをした喫茶店に向かった。会社から出て少し歩いたところにある、ナポリタンが美味しい静かで古びた喫茶店だった。

今居が喫茶店に着くと、出川が先に入って待っていた。

「今居、珍しいな。お前からメシ誘ってくるなんて。何の相談だ？」

今居が座るなり、出川がすぐに本題に入った。

出川は、今居と同じく、開発営業で入社した。しかし、営業としてはあまり活躍できなかった。ＳＯＺＡＩは顧客の入れ替わりが少なく、既存の顧客とべったりした人間関係を築かなくてはならないのだが、無駄が嫌いでクールな性格の出川にはそれが向いていなかった。

営業としての数年間は鳴りを潜めていた出川だったが、10年前に情報システムの部門に移り担当した、全社の基幹システムの入れ替えのプロジェクトが転機になった。そこで持ち前の頭のよさや戦略的な思考を発揮し大活躍し、その後、全社の方針を司る経営企画室に移ったという経歴の持ち主である。

出川と今居の性格は、真逆とも言えた。仕事の進め方も違った。しかし、入社5年目に、同じ開発営業として一緒のプロジェクトを担当することがあり、その際にお互いによい補完関係を築くことができ、信頼し合うような間柄になっていた。

「出川、お前に聞きたいことがあるんだ。『エンゲージメント』って言葉は知ってるか？」

「『エンゲージメント』？　ああ、知ってるよ。うちの会社が、とある会社をＭ＆Ａ（企業の合併・買収）しようとした時にすごく話題になったからな。経営の意思疎通のための指標みたいなことだろう。うちに出入りしているコンサル会社の人が教えてくれたよ。『エンゲージメント』は最近色んな本が出てきたからな。一冊読んだので、概念は理解している」

出川はナポリタンをきれいに口に運びながら、チラと今居に目をやりながら淡々と答えた。何を聞きたいんだこいつは、というような顔をしていた。

今居の方は、経営企画のこいつが知っているなら、ＳＯＺＡＩもすでに何か取り組んでいるのかもしれないと前向きな気持ちになった。

「おお、さすが、知っているか。俺は今、うちの会社がやばいと思っていてな。何とかしたいと思っていて、作戦を考えているところなんだ。『エンゲージメント』というものについて、うちの会社は何か取り組んでいることがあるのか？」

「作戦？　何を企んでいるんだよ。『うちの会社』って、どこまで指してる？」

すぐに出川が聞き返した。

「どこまでって……そりゃうちの会社って言ってるんだから、ＳＯＺＡＩ全体のことだよ。今、俺たちの最大の顧客であるクルマメーカーが大変革期にあるだろう？　自動運転化やＥＶシフト、[※1]プラットフォーマー[※2]の台頭という流れは、うちの会社にとっては見過ごせない変化のはずだ。なのに、うちの開発営業部隊と来たら、これまで通りの活動を繰り返すばかりだ。少しずつ営業利益率だって落ちてきているのにな」

今居は、出川に同じ危機感を早く持ってほしいと思い、早口にまくし立てた。

「大丈夫だよ、お前が心配するようなことは、まだすぐには起こらない。既存の事業でも、最近、ハイブリッドカーの軽量化プロジェクトを進めている大手クルマメーカーから大型の受注をしただろ？　売上が急激に落ちるようなことはないよ」

出川は素っ気なく返事をした。

「それは直近3年、5年の話だろ。ハイブリッドカーの軽量化プロジェクトだって、エンジンルームの素材入れ替えのプロジェクトじゃないか。エンジンルームなんて、ＥＶシフトがさらに進めばクルマからなくなっちまうんだぜ」

今居はすでに、声が大きくなり始めていた。出川の野郎、同志だと思っていたのに全然危機感がないじゃないか。こんなやつに経営企画は任せておれん。そうとまで、今居は感じ始めていた。

「そんなのわかってるよ。だから、M&Aって、さっき言ったろ。これまでにうちにはなかった技術を持った会社を買って、その会社に投資して育てて、うちの会社を生まれ変わらせるんだよ」

出川はしっかり今居の目を見ていった。

「え？　M&Aで、うちの会社を生まれ変わらせる？」

「そうだよ。ほぼ決定事項だし、今日の夕方にもリリースがあるので言うが、欧州の大手部品メーカーのオートモティブ・インダストリアルズ社を買うことになったんだよ、うちの会社は」

「ええ？　まじか！　オートモティブ・インダストリアルズ社って、最近出てきたクルマの内装材のベンチャー企業だろう？　あの会社を買うのか」

目を見開いて今居は言った。

「そうだ。クルマづくりのもっと上流からうちが入り込むためにな。とはいっても、知名度ほど大きい会社ではないから、買ってすぐ軌道に乗るということはないだろう。まあ、未来への投資だな」

出川は変わらず、淡々と話した。

「そうだったのか。知らなかった。じゃ、うちの会社も本格的にクルマ業界の100年に一度の大変革に対応する戦略を取っていくということだな。安心したよ」

「いや。そんないきなり全社の戦略シフトまではしないよ。あくまで未来への投資さ。うまくいかない可能性だってあるぜ。大事なのは、既存事業をいかに絶やさずに、収益を持続させていくかだよ。経営企画ではチャンスの種を植えるだけしかできない」

「そうなのか？　でも、そのチャンスの種から芽が出てきて花が開いたら、そっちに投資を傾けていくんだろ？　そうしたら、うちの会社の連中の未来も明るいな」

今居は、出川との温度差を感じながらも、嬉々とした表情で言った。

「うちの会社の連中の未来？　そんなのわからないぞ。事業を大きくシフトしていくのであれば、ついていけない連中はリストラする可能性だってあるぜ。去年から、早期退職を勧めているだろ？　あれもその一環だよ。お前だって、既存の事業を発展させないと、リストラの対象になるかもしれんぜ」

「何？　リストラ？　リストラまでしなくちゃいけないのか、うちは」

今居は驚いて出川に聞いた。

「あくまで可能性の話だよ。さっきも言ったが、まだそんな段階じゃない。ただ、会社が事業戦略を大きく変換させなくちゃいけない時は、人を切るしかない。常套《じょうとう》手段だよ。まあ、早期退職制度は、そのためだけにつくられた制度じゃないけどな」

変わらず、出川は淡々としていた。その様子に、今居は少し腹が立ち始めていた。

「おいおい、何を言っているんだよ、出川。ＳＯＺＡＩは、人を大切にする会社じゃないのか？　これまでだって、外部環境の変化を全社一丸となって乗り越えてきた。それこそが強みだと、俺たちが入社した時に社長も話していただろう？　俺たちの会社は、少数精鋭の精神で難題を乗り越えていく会社じゃないのかよ」

眉間にしわが寄るのを抑えきれない、という顔つきで、今居は言った。

「そんなの、昔の話さ。今は時代が違うんだよ、今居。市場は何年も待ってはくれないんだ。10年先のことが全く見えないような今の時代の経営判断のスピードに、従業員は追い付くことができないよ」

「だったら切ればいいってか。そんな簡単なことじゃないだろ！」

とうとう今居は大声を出してしまった。

「落ち着けよ。俺の言っていることも、あくまで一つの考え方さ。手段や考え方は違えど、お前とやろうとしていることは同じだと思うぞ。ところで、質問は何だったっけ？」

時折激情に駆られてしまう今居の性格をよく心得ていた出川は、冷静に話を切り替えた。

「ああ、そうだ……。まだ本題に入ってなかったな。『エンゲージメント』で、俺は、この会社の今のよくない雰囲気を一掃したいと思っているんだよ。ただ、うちの会社でどのくらいその取り組みがされているかすら、俺は知らん。だから情報収集をしたかったんだ。出川なら知っているんじゃないかと思って、連絡した」

今居にはまだ昂《たかぶ》った感情が多少残っており、口を尖《とが》らせて、そう言った。

「なんだ、そんな質問か。それなら、うちの部署の担当範囲だろうな」

「経営企画室か？　専門の部署や担当がいるのではないのか？」

「専任はいない。経営企画室の人間が兼務してやっているよ。俺も嚙《か》んでるぜ」

「こんな大事なことに、お前が嚙んでるのか？」

「ああ。と言っても、全社で取っているサーベイ（調査）を分析したり、新しく策定した中期経営計画の浸透度を測ったりするだけだけどな、俺のミッションは」

「そうなのか！　それなら話が早い。どういうことをやっているんだ？」

「だから今言ったろ。サーベイの分析と中計の浸透だよ」

「え、それだけ？　志を持った社員は育てないのか？」

「はあ？　志？」

「志だよ、出川。お前、勉強したんじゃないのか。他者に貢献しようとする志ある社員を一人でも多く育てるのが、エンゲージメント経営なんだろ！」

今居はまた少し大きな声を出した。静かな店内で、店長が今居と出川のいる席を一瞥《いちべつ》した。

「志ある社員を育てる？　そんなのいつ金になるんだよ。綺麗《きれい》ごとだけじゃ、経営はうまくいかないぜ」

出川は、はあ、とため息をつきながら、そう言った。

「なんだ、その言い方は！　儲けるためには、社員はどうでもいいって言うのかよ！　もう、お前とは考えが合わん！　俺は会社に戻る！」

財布からお金を取り出して、机の上にたたきつけながら、今居はそう言った。しかし、出川は落ち着いていた。

「まあまあ、落ち着けよ。今居が言っていることが、全くわかってないわけではないんだぜ。俺だって、新しいことを始める上で、既存の人員リソースをフル活用できるなら、そうしたいさ。でも、それがなかなかうまくいかないんだよ」

エンゲージメントはアンケート調査をもとに計測する

「ん？　どういうことだよ」

「さっき、俺のミッションの一つで、サーベイを取って、その分析をしてるって言ったよな。そのサーベイってのが、エンゲージメントサーベイさ。うちの会社も取ってるんだよ」

「え、そうなのか？　エンゲージメントの計測をしているのか？」

今居は、驚いた表情になった。

「ああ、お前にも来ただろう、アンケート。最初は32問。その後は定期的に月に1回、16問ずつくらいのやつさ。答えてないか？」

出川にこう言われ、そういえばと、今居の記憶が蘇ってきた。

「確かに……そういえば、半年前くらいから質問が来て答えているな。あれがエンゲージメントサーベイなのか？」

「そうだ。ちゃんと、あのアンケートを説明するメールは送ったんだがな。ま、うちの会社は、ああいうアンケートが多すぎるからな。埋もれてしまっているんだろう。無理もない」

「そうか、やっていたのか！　それを知りたかったんだよ。半年も前からやっていたとはな。しかし、何も変わっていないじゃないか。またアンケートを取るだけ取って、結局何もしないいんだろう。うちの会社の悪いところだ」

「お前、それ、ただの会社批判になっているぜ。会社のことを真剣に考えてないのは、お前なんじゃないか」

出川は、少しだけムッとした表情になり、そう言った。普段は感情を表に出さない出川が、この表情を出してきたことに、今居は驚いた。

一方で、この出川の表情を見て、今居は思い出したことがあった。出川はクールで他人が傷つくようなことも平気で言うやつだが、責任感が強く、会社を成長させたいという気持ちを今居と同等に持っている男だった。会社のことを他人事のように発言する人間が嫌いで、たとえ上司であろうと、そういう人間には噛みついていた。

「今のは、すまん。で、データを取ってその後どうしたんだ？　まだ分析しているのか？」

今居は質問を続けた。

「実はすでに色々と手を打っているんだよ。データを見ながらな」

「何だって？　エンゲージメントのデータを見ながら、経営判断をしているということか？」

「経営判断とまではいかないがな……。ただ、手を打っているのは確かだ。エンゲージメントのデータを計測しながら、今いる社員の意識改革をしようということは、すでに決定事項だ。ただ、これが難しくてな」

「？？　どういうことだ？　すでに何かしたか？　覚えていないぞ」

「3カ月前に表彰式と全社総会があったろう。あの内容ややり方を大きく変えたのさ。覚えていないか？」

「ああ、覚えている。いつもと違って、表彰式の時間を短くして、部長陣からの戦略共有の時間を長くしたな」

「その通りだ。うちの会社は、理念・戦略への納得度が低かったんだよ。だから、そのパートを長くした。しかし、その部分にあたるデータが微動だにしなかったんだ。1ポイントもな。むしろ、理念・戦略への納得度以外のデータが下がったくらいだ。

これは見ながらでないとうまく説明できない。データをちょっと見てみるか？」

出川は、机の上に置いていたタブレットにパスワードを入力しながら言った。

「ぜひ見せてくれ！」

聞きたかった話にこんなに早くたどり着けるとは思っていなかった今居は、嬉しそうな表情になって、そう答えた。

「ほら、これだ」と言って、出川はタブレットの画面を見せた（図表6）。

「これがうちの会社の全従業員分のエンゲージメントのデータの一部だよ。一応、管理職

［図表6］　wevoxの画面①

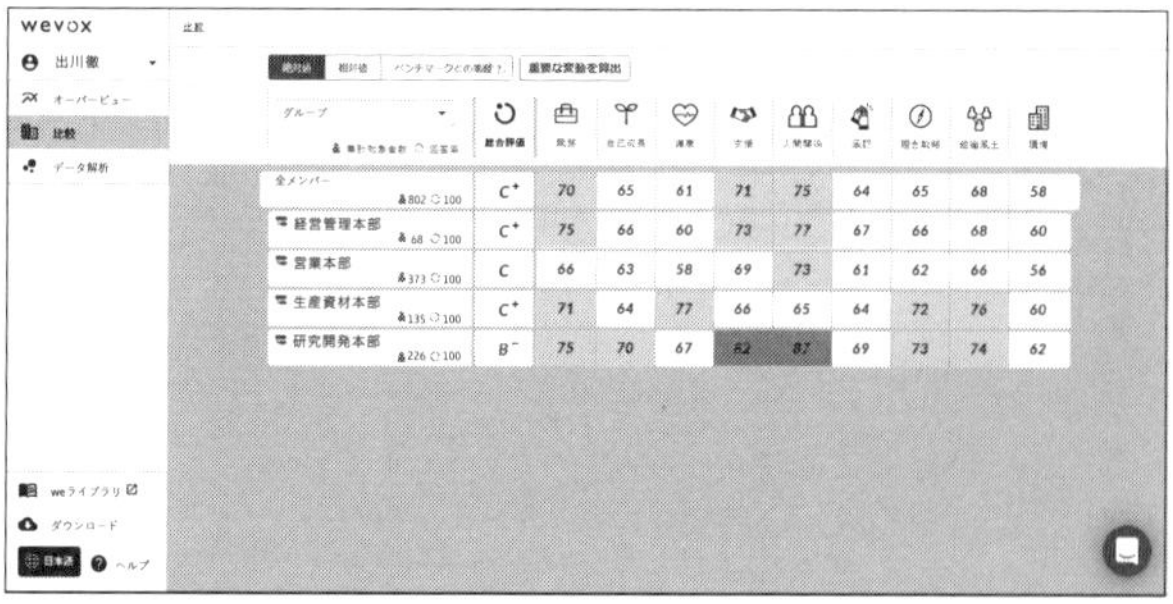

以上には、ここまで見せていいことになっているんだ。部長に言えば、見せてくれるはずだぜ」と出川は言った。

「サンキュー。見ていいとは知らなかったよ……。しかし、これどう見るんだ？　これを見ても、データが低いのか高いのかも……」

「うちの会社は、このサーベイツールを使っている会社の中では、平均に比べて若干低い方だ。うちは65ポイントだが、69ポイントくらいが平均だと、このサーベイを提供している会社に聞いた。でも、3000人以上規模の企業群はこのくらいのポイントが普通らしい。気になるのはどこだ？

そこ押せば、詳細が見られるぜ」

「さっき、理念・戦略への納得度が低いって言ってたよな。それ、どこだ？」

「ああ、ここだよ。こうすれば見られる」

そう言って、出川がタブレットをタップした。すると、図表7が映し出された。

「全然、変化がないじゃないか。むしろ段々と下がってないか？」

今居は、右の眉を吊り上げながら質問した。

「ああ、そうなんだ。全社総会では、理念・戦略の共有に時間を使ったんだが、むしろ下がった。これを受けて、俺は気づいたんだよ。一方的なコミュニケーションでは、社員一人ひとりの心には届かないんだってな」

「そういう狙いでやってたのか。一方的な伝え方だったかもしれないな、確かに。部長陣の話は眠くなるほどつまらんかったぜ」

［ 図表7 ］　wevoxの画面②

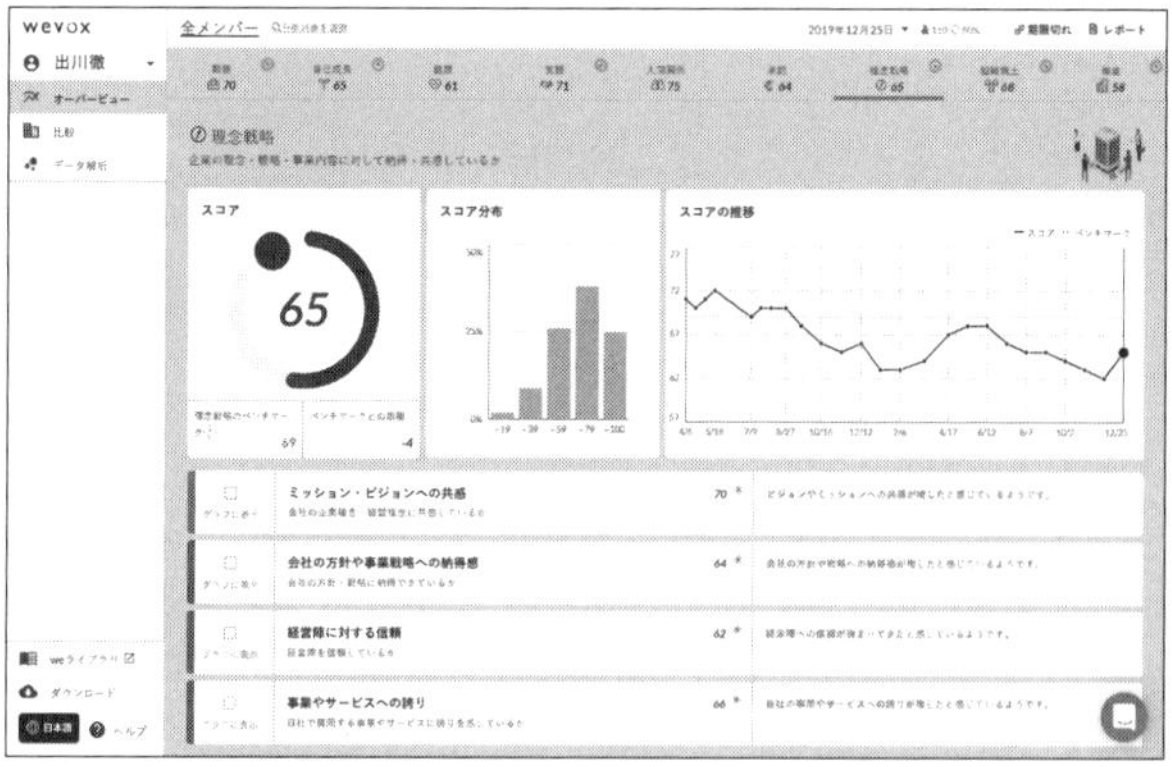

全社総会の様子を思い出しながら、今居はそう言った。

「それもある。伝え方は、もうちょっと改善できると思うがな。でも、俺はそれ以前の問題なような気がしてならない。そもそも、みんな、会社経営に興味がないんじゃないか？　俺自身、この立場になるまでは、全社総会なんて、どうだってよかったからな」

「俺は、そうでもないぞ。いつも全社総会で発表される内容は、一つ一つメモを取っている。どんなつまらない内容でもな」

得意げに今居は言った。

エンゲージメントのアップに向いた人材とは？

「そんなやつ、稀《まれ》なんだよ。みんな、全然聞いてないぜ。メモを取っている人間なんてほんの一部だ。それは、運営側になれば、一目瞭然だ。

ちなみに、全社総会以外にも色々なことをやっているよ。WEB目安箱ってつくっただろう。会社への提言がある人間はいつでも無記名で投稿できる仕組みだ」

「あるな、WEB目安箱。俺も設置当初は一通送ったぞ、確か。新規事業にもっと予算投下せよ、とな」

「そういう質問にすべて回答する掲示板サイトもあるんだ。知っているか？」

出川はまるで現場調査でもしているかのような興味津々な目つきで、今居の顔を見て尋ねた。

「ああ、俺が質問してその後どうなったか気になって一度開いたことがある。ただ、まだ回答されてなくて、その後見なくなってしまったよ」

「そうか……。質問をもらってから、うちの経営陣が回答するまでの期間が1カ月もかかってしまっているからな。WEB目安箱とこの掲示板サイトも、導入当初は色々な質問が来たのだが、気が付けば活用している人もほんの一部になってしまった。これは運用方法がよくないんだ。改善しないとな……」

「なんだ、ちゃんと色々とやっているんだな。まだ始まったばかりだろう。やり方を修正していけば段々よくなっていくだろう。他にも考えていること、あるんだろ？　こういうデータを見ながら、ちゃんと経営陣が危機感を持って取り組んでいけば、会社もよい雰囲気になっていきそうだな」

出川の悩む顔を見て、今居は少しほっとして言った。

「さっきも言ったが、そんな悠長なことを言っていられないんだよ。これだって、無料でやっているわけじゃないんだぜ。売上に対する効果が見られないようであれば、継続はしない。予算だって取らない。別に俺はこのサーベイを継続したいわけではないが、導入当初はもうちょっと期待していたんだ」

「いやいや、大事だと思うぜ。こういう風に社員の状態を見ながら、経営の舵を切るのはさ。会社の最大の資産は、人だろう？　人の気持ちを考えない経営なんてうまくいくはずないぜ。会社全体の今の雰囲気は、このデータによく表れていると思うけどな。

会社の経営陣がこのデータを見て、現場のリアルを知り、その改善のために予算と時間と人を投下できるようになれば、長い目で見たら絶対、会社はよくなるぜ」

「絶対って、それ計算できるか？　俺も今居の言っていることや考えていることがわからない、と言っているんじゃないぞ。会社が投資判断をする上で、数値化できないような不確かなことには、なかなか予算を割けないんだよ。

こういう社員のやる気をアップさせるとか、活性化させるとか、結果につながるまで時間がかかる施策はとにかく予算が取りづらい……。施策と売上の因果関係もうまく示せないしな。おっと、もうだいぶ時間が経ってしまったな。会議があるから戻らないと」

出川がタブレットの時間表示に気が付き、そう言った。

「費用対効果みたいなことか？　絶対あると思うけどな……。くそ、もっと話したかったな」

「ああ、またいつでも気になったら連絡くれ。今居みたいなやつの方が、こういうエンゲージメントのアップみたいなことには向いているかもしれないしな」

出川は立ち上がり、自分の分のお金を今居に差し出しながら言った。

「うん？　どういうことだ？」

「また、今度な。じゃあな」とだけ言って、出川は店を出ていった。

取り残された今居は、出川から受け取ったお金を財布にしまいながら、汗をかいたグラスを見つめ、考えを巡らせた。

出川は、間違いなく会社の成長のことを一心に考え、行動しているようだった……。しかし、俺はどうだろうか？　俺は何がしたいのか？　出川と話すまでは、自分が救世主になればいいくらいの気持ちで意気込んでいたが、俺自身の承認欲求を満たそうとしていただけかもしれない。

そういう目的だけではきっとこの行動は何も実を結ばないだろう。会社の雰囲気をよくしたい。それは間違いない。ここで出会った仲間たちと一緒に、夢中になってよい仕事を続けていきたい。困難を乗り越えて、お客様から感謝され、さらに大きなやりがいや喜びを感じたい。結果として、会社も成長して、ＳＯＺＡＩの一員であることに誇りが持てるようになったら最高だ。

ただ、それだけでよいのか？　今居は自分の浅はかさに、自分で嫌気がさしていることを敏感に感じた。俺の志は何だろう？　俺は、俺以外の誰のため、何のために動いているのだ？？　俺自身に志がなくては、イチローのように人に影響を与えることなどできはしない。そんなことを考えながら、今居も店を出た。

※1　電気自動車への移行。
※2　インターネット上で大規模なサービスを提供する巨大ＩＴ企業。

解説

エンゲージメントを構成する要素について

現在のところ、エンゲージメントの計測では、「アンケート」を活用した調査方法が主流となっています。従業員に質問を投げかけて、その回答をデータ化することによって、従業員のエンゲージメント状態を調査するのです。

SOZAIではwevox（ウィボックス）というアトラエ社が開発したツールが利用されていました（実際に存在する企業のサービスです）。wevoxについて解説することで、その計測方法を説明します。

wevoxではエンゲージメントを「エンプロイー（従業員）・エンゲージメント」と「ワーク・エンゲージメント」の二つに大別した上で、9つの大カテゴリ（図表8）に分け、さらに26の小カテゴリ（図表9）に分類しています。

wevoxは2017年5月の正式リリースからたったの2年間ほどで800社・1000万件以上の回答データを蓄積するまでに成長しました。エンゲージメントサーベ

[図表8]　エンゲージメントを構成する9つの要素（wevox）

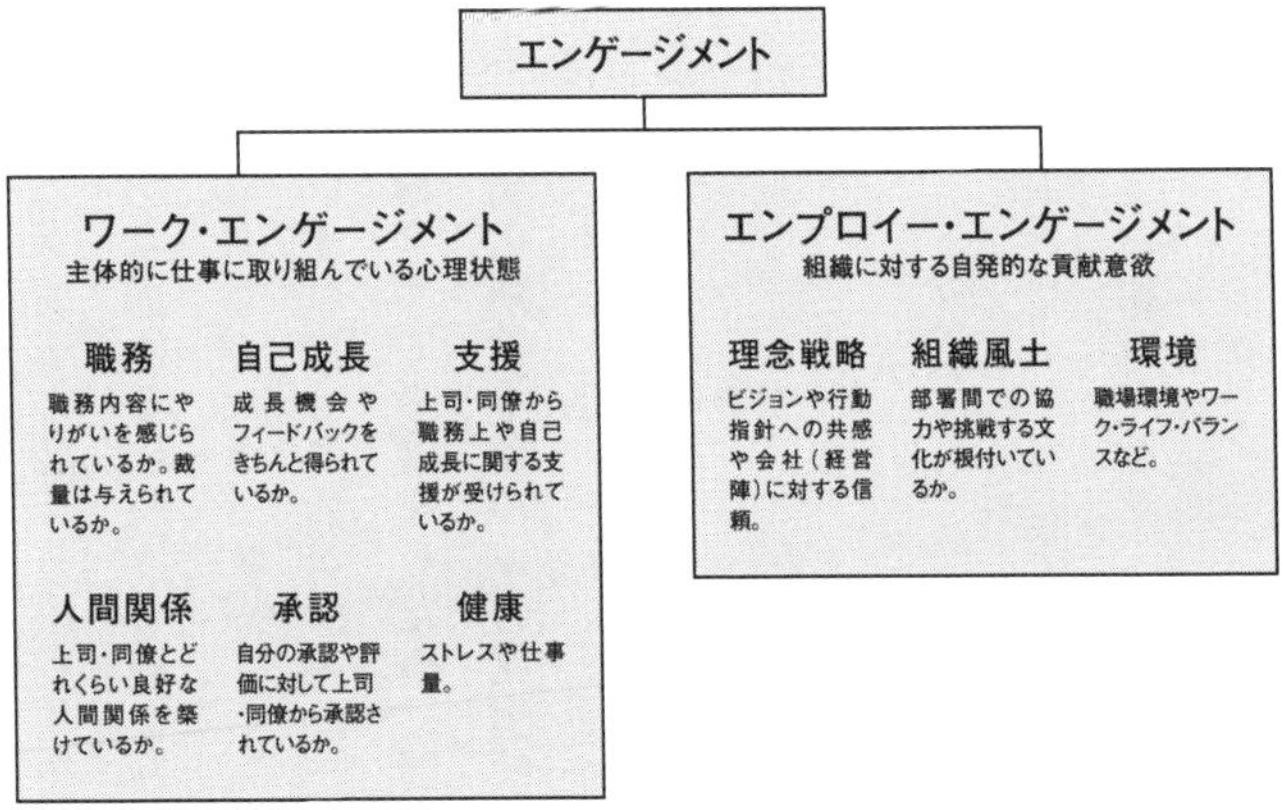

イという分野において、最も急成長を遂げたサービスの一つです。
　このサービスがこれほどまでに市場で受け入れられたのは、「エンゲージメントを過度に分類しすぎていない」ことが奏功したからだと、私は考えています。
　一口にエンゲージメントを計測すると言っても、サービスによってアンケート質問数や内容は大きく異なります。中でも、ｗｅｖｏｘは質問数が比較的少ないのが特徴です。アトラエ社によれば、「質問項目が多すぎると、回答結果が複雑になりすぎて、専属コンサルタントによる分析が必要不可欠になる。そうしたコンサルタントによる手を介さなくても、ｗｅｖｏｘを導入した会社の閲覧者が自分自身でデータを見て、仮説を立て、打ち手を考えることができるように設計している」ということでした。
エンゲージメントの調査方法を開発する各社の思想や考え方は異なりますし、それを導入する組織の状態もその時々で異なります。そのため、どのエンゲージメントサーベイがよいかは一概には言えません。

しかし、いずれにせよ私が言いたいのは、**社員のエンゲージメント状態には様々な要素が複雑に絡み合って影響するため、調査結果が出た理由について細かく分析をしたからといって、最善の解決策がパッと見出せるわけではない**、ということです。

エンゲージメント調査をする価値は二つです。一つは、組織運営について何が悪いかということについてスピーディーに合意が得られるということ。また、その理由について絞り込んだ仮説を立てることができるということです。

次章から、今居完人《かんと》が、SOZAIのエンゲージメントデータを見ながら、エンゲージメントを向上させるために様々な考察、奮闘を繰り広げていきます。ぜひみなさんも、ご自身が所属する組織をイメージしながら読んでみてください。

［図表9］　wevoxの小カテゴリー一覧

職務	やりがい	職務内容にやりがいを感じられているか
	裁量	職務を遂行する上で必要な裁量が与えられているか
自己成長	達成感	達成感を得られているか
	成長機会	能力やスキルを高められているか
健康	仕事量	自分に任せられている仕事量は適切か
	ストレス反応	頭が重い、イライラする等のストレス反応がでていないか
支援	職務上の支援	職務を遂行する上で必要なサポートがあるか
	自己成長への支援	自身の成長の手助けをしてくれているか
	使命や目標の明示	部署やグループのミッションや目標をわかりやすく伝えているか
	同僚からの困難時の支援	自分が困っているときに、同僚は助けてくれるか
人間関係	上司との関係	上司とは良好な関係が築けているか
	仕事仲間との関係	同僚とは良好な関係が築けているか
承認	発言・意見に対する承認	周囲が自分の意見や発言を聞いてくれているか
	成果に対する承認	上司や同僚から、成果を認められているか
	評価への納得	成果や貢献に見合った評価がされているか
理念戦略	ミッション・ビジョンへの共感	会社の企業理念・経営理念に共感しているか
	会社の方針や事業戦略への納得感	会社の方針・戦略に納得できているか
	事業やサービスへの誇り	自社で展開する事業やサービスに誇りを感じているか
	経営陣に対する信頼	経営陣を信頼しているか
組織風土	キャリア機会の提供	意欲的であれば、会社がチャンスを与えてくれているか
	挑戦する風土	失敗したこと以上に、挑戦したことを讃えられる会社か
	部署間での協力	目標を達成する上で、他部署は協力的であるか
	称賛への妥当性	社内で誰かが称賛されたとき、適切であると感じているか
環境	職場環境への満足度	働きやすい職場環境か
	ワークライフバランス	必要に応じてライフスタイルにあった働き方ができるか
	給与への納得感	働きに見合った給与・ボーナスが支払われていると感じているか

第3章

エンゲージメントを高める「インナーブランディング」

01 インナーブランディングは「言葉づくり」から始める

組織変革がたどるプロセスの共通点

出川《でがわ》と話してから2カ月ほど、今居《いまい》は悶々《もんもん》とした日々を過ごしていた。SOZAIをよくするには？　社員一人ひとりが幸せになるには？　自分自身、どうなりたいのか？　何をしたいのか？

灰出《はいで》に連絡をしようと、何度もスマートフォンを手にして、LINEを開いたが、何と連絡をしてよいかわからず、結局は何もできずにいた。ただ……、今居は立ち止まるのが嫌いな男だった。彼には、このまま時間が過ぎていき、結局何の行動もしなかった、という結論になることだけは許せなかった。

今居は出川との会話を通じて、吐き気がするほど自分の浅はかさを認識した。また、自分のことを不勉強だったと猛省した。

経営のことをもっと学ばなくてはならない。今居には開発営業としてのスキルやノウハウは十二分に備わっている自負はあったが、経営についてはからきし不勉強であった。なので、猛烈に本を読んだ。

どんな本を読んだかというと、まずはもちろん、エンゲージメントについての本だ。本を読んで、驚くべきことを今居は知った。それは、日本はエンゲージメントが世界最低レベルの国だということだ。

世界的な調査会社ギャラップ社の2017年発表の調査結果によると、日本は「熱意溢《あふ》れる社員」の割合が6％しかいないらしい。アメリカの32％と比べて大幅に低く、調査した139カ国中132位……。

アメリカのPR会社エデルマンが2016年に発表した調査によれば、「あなたはあなたが働いている会社を、信頼していますか？」という問いに対して、「信頼している」とした日本人は40％で、世界28カ国中、こちらは何と最下位という結果だった。

「うちの会社だけでなかったのか……。なぜ？　いつから？」と今居はさらに勉強を進めた。

次に今居が読んだのは、長い歴史があるのに成長を続ける組織の変革のプロセスがわかる本である。特にＳＯＺＡＩと同業種・業態であるメーカーと呼ばれる企業の本を中心に呼んだ。トヨタ自動車、ホンダ、京セラ、日立製作所、ＩＨＩ、旭化成、日清食品、サントリー、富士フイルム。海外ではナイキ、アマゾン、マイクロソフト、アップルなど。

仕事の合間を縫って、1週間で2、3冊ほどのペースで読んだ。これまでも本を全く読まなかったというわけではないが、月に1冊程度のペースからグンと上げた。今居にとっては驚異的なペースである。

妻には「本ばかり読んでいないで、掃除して！」と怒られ、幼い娘には目を離した隙に買ってきた本のカバーを剥ぎ取られてぐちゃぐちゃにされたりもしたが、そうした合間を縫って読みまくった。

本を大量に読む中で気が付いたのは、組織が変革を遂げるプロセスには共通点があるということだ。

まずは、自社や社会が目指すべき状態がどんな状態か、それを定義する言葉を掲げていた。それは企業によって「ビジョン（目指すべき姿）」や「パーパス（目的）」などと呼び方が異なったが、言わんとすることは同じだ。

例えば、日立製作所。2008年度に7873億円の最終赤字（純損失）になり、倒産の危機に立たされていた。そこからV字回復を遂げて、2年後の2010年度には2388億円の黒字（純利益）になった。

その2年間の中で様々な改革案が実行されていったのだが、とりわけ、数ある取り組みの中でも今居が注目したのが、一番最初に掲げたビジョンであった。日立製作所を立ち直らせるために当時社長に抜擢されたのが、V字回復の過程を解説した『ザ・ラストマン』（KADOKAWA）の著者として有名な川村隆元会長である。

この川村元会長が社長に就任してすぐ、最初に取り組んだのが、「社会イノベーション」という、「事業の選択と集中のためのコンセプト」ともいえる言葉を掲げることだった。

それまで、日立製作所はサプライチェーン（供給連鎖）の上流から下流まであらゆることに携わるコングロマリット（多岐にわたる業種・業務に参入している企業体）の総合電機メーカーだった。

しかし、2009年からは、ITと社会インフラに事業を集中させ、当時16社あったグループ会社を9社にまで再編。その判断の基準になる軸として「社会イノベーション」という言葉を、ビジョンとして掲げたのである。

このビジョンに対する多くの共感を得た上で、その実現のために多数の社員を巻き込んでいくことによって、改革に成功したのだ。

まずは、目指すべき状態を言葉として掲げる。その後、実現の上で課題となる事象と向き合い、解決していく……。

時代が変われば環境が変わり、環境が変われば、生き残りをかけた戦い方も変わる。そのため、企業によって掲げた理念や採った戦略はそれぞれに違うのだが、変革をする上での最初の順番・ステップに大きな差異はなかった。

こうして、様々な成長企業の歴史を知ることと、自問自答を繰り返すことで、それらは今居の頭の中で、一つの命題へと集約されていった。その命題とはこうである。

「俺は、この会社をどんな会社にしたいのか？」

この答えを自分なりに持てないようでは、次に進めない。今居はそう感じ始めていた。このままでは、しがないイチ会社員として、人生を終えてしまう。それだけは、自身のプライドが許さなかった。今居はこの答えを探し出すために、必死であった。

この答えが見つかったら、今居には考えていることがあった。部長や役員をすっ飛ばして、社長に直訴するのである。

今居は、社長直轄の新規事業開発チームのメンバーの一人でもあった。社長とは2カ月に一度、話ができるチャンスがある。社長との数少ない接点を活用して、会社の変革プランを持ち込もうと目論《もくろ》んでいた。「どんな会社にしたいか？」「それはなぜか？」、そして「どうやってそれを実現するか？」。これをぶつけてみようと思った。そして予算をつけてもらい、その実行の主体者となるのである。

さて、ここで、株式会社ＳＯＺＡＩについて少し詳しく話さなくてはならない。

ＳＯＺＡＩは戦後、現社長の古井二一《ふるいにいち》の叔父である古井史輪《ふみあき》が創業した50年以上の歴史を持つ企業である。創業当初は繊維を主に扱っており、ナイロン、ポリエステル、アクリルなどの合成繊維に強く、子供向けの衣服や鞄のメーカーを主要顧客としていた。

しかし、バブルの真っただ中であった三十数年前に、それまでは付き合いがなかった分野の顧客開拓を開始する。創業者の史輪が「今後、日本は高齢化社会となり、子供の数が減る。自分たちの技術を活かして、別の産業にも進出しなくては勝ち残れない」と言い出したからである。今居が入社するだいぶ前の出来事だ。

現在の主な顧客である自動車部品の大手メーカーとの関係は、この時の顧客開拓がきっかけとなって始まっている。自動車部品の軽量化のために合成繊維を活かしたいと相談を受け、その事業に注力した結果、SOZAIは急成長を遂げたのである。

現在は、グループ経営をしており、総従業員が1200名程度。国内だけでなく海外にも支店があり、売上高は単体では400億ほど、連結では1000億近くの規模があり、上場も果たしている。一般的には優良企業と言っていい。

現社長の二一は、大学卒業後、大手総合商社に勤め、20年ほど前にSOZAIに入社した。現在58歳である。SOZAIに入社した当初は、この会社の社長になるつもりなどはなかったようである。しかし、総合商社時代に培った人脈を活かし、新規顧客開拓を牽引《けんいん》した実績を評価され、5年前に社長に就任。と同時に、史輪前社長は会長に就任した。

二一は、社長職を受け継いだ際に、史輪会長から「二一であれば、ＳＯＺＡＩの未来は明るい。全権を委ねる」と太鼓判を押されたほどの人物である。

実は今居は数年間、二一の下で働いたことがある。二一が開発営業の部長を務めていた時代だ。今居が入社3年目くらいの時期であり、二一は当時40代半ばだった。

二一は、豪放磊落《ごうほうらいらく》な性格で、業界のルールや規則を無視するような発言・行動も多かったのだが、激情型の今居にはそれが格好よく見えていた。今居の新規事業開発チームへの参画も、二一が直接声をかけたことによって実現していた。

「二一社長なら、ちゃんと考えがありさえすれば、わかってくれるはずだ」

今居にはそういう算段があった。しかし、考え無しに発言することを二一は嫌う。それを今居はよくよく理解していたので、いきなり行動に移さずに、徹底して考えを固めるということをしていたのである。

組織を変える3ステップ

秋が過ぎ、冬が過ぎ、草花が芽吹こうとする春の入り口で、チャンスは突然、思いもよらぬ方向からやってきた。風が強い日だった。

今居はまた母校の高校に向かっていた。灰出から連絡があり、「その後、元気か？　また飲まないか？」と誘われたのである。

「灰出先生に自分の考えをぶつけてみよう」

今居は、この灰出からの申し出を、神の思《おぼ》し召しかもしれないと思った。ここ数カ月で考えたことに対して、的確なアドバイスをもらえる絶好のタイミングだったからである。

すでに今居は、「俺は、この会社をどんな会社にしたいのか？」への自分なりの答えを見出していた。実は、社長に意見をぶつけてみるだけの準備もある程度できていた。

しかし、前回の新規事業開発チームの定例会には、海外出張のために二一が出席せず、話す機会を失ってしまっていた。「次の新規事業開発チームの定例会こそチャンスだ」

と、今居は思っていた。

グラウンドでは、サッカー部が練習をしていた。

グラウンドの金網に「全国ベスト8」と掲げられていた。以前は掲げられていなかったはずである。おそらく、ここ数カ月の間にビジョンを定めたのだろう。灰出先生が入れ知恵したのかもしれない。

しかしよく見てみると、不思議な練習をしている。全員が紐を持って、引っ張りすぎず、弛《たゆ》ませすぎず、お互いの距離を確かめ合うように、グラウンドを右に行ったり左に行ったりしていた。時折、選手同士で紐を交換する様子もあった。全員の距離をコンパクトに保ちつつ、その中でポジションチェンジを繰り返す練習のようだ。おそらく戦術の確認か何かだろうか。今はだいぶ複雑な練習をするのだな……。

今居は、感心しながら練習を眺めていた。すると、背中を強く叩かれた。

「完人《かんと》、待たせたな」

灰出であった。

「いえ、僕もちょうど着いたところでした。お誘いいただき、ありがとうございます」

「そうか。まだ時間は早いが、行きつけの焼き鳥屋があってな。そこに行こう」

そう言って、灰出はくるっとサッカー部のいるグラウンドを背にした。サングラスをかけていたが、頬の辺りは赤くなっていた。ずっと外にいた証拠だ。おそらく練習を見ていたのだろう。

「先生、高校のサッカー部、よく来ているんですか？」

「ん？　ああ。ちょくちょく来ているんだ。ボランティアで。今の監督から相談を受けてな。

俺にも、試してみたい戦術とそのための練習方法があって、やらせてもらっているんだ。なかなか面白いチームになりそうだぞ」

灰出はグラウンドを振り返りながら、そう言った。

「相変わらず、エネルギーに満ち溢れているな、先生は」と、今居はつぶやいた。

「ん？　何か言ったか？」

「いえ、何も。ところで先生、今日はどうして呼んでくださったんですか？」

今居は話を切り替えた。

「ああ、最近、高校によく顔を出すようになって、来るたびに完人が前に居酒屋で話していたことが気になってな。お前、会社のことで悩んでいただろう」

「はい、ずっと悩んでいました。悩むどころか、具体的なプランも練り始めていたところです」

「そうかそうか、なかなか行動にまで移すやつは少ないからな。感心するよ。詳しく聞かせてくれ」

「はい、お店でお話ししますね」

今居は、灰出がこんなにも教え子のことを考える人物だったのか、と感動していた。前を歩く灰出の背中がやけに大きく見えた。年上の人間の、人生の先輩としての器の大きさとでもいうのか、そういうものを感じさせてくれる人というのは、貴重な存在である。この人には一生頭が上がらないな、と今居は思った。

席に座って、ビールを頼み、1本目の串が来たところで、灰出から本題に入った。

「で、どうだ？　その後、会社では活躍してるか？　会社に色々な不満も持っているようだったが」

「はい。あれから結構悩みました。実は来週、社長にプレゼンしようと思っているんです」

「ほう。どんなプレゼンをするんだ？」

灰出は興味深そうに聞いた。

「ＳＯＺＡＩをどんな会社にしたいのか？　『今、ＳＯＺＡＩが目指す姿はこうではないか』についての自分なりの考えを思い切ってぶつけてみようと思っているんです」

「ビジョンをぶつけてみようと、そういうことか？　しかし、3カ年ビジョンはすでにＳＯＺＡＩにはあったはずだろう。ＩＲの資料にも載っていたぞ」

「ＩＲに載っている3カ年ビジョンは、あくまで社外の方、特に投資家向けの言葉で、中にいる我々にとってしっくりくる言葉ではありません。もっと、社員がワクワクするような、力強い言葉を掲げなくてはいけないと思っています。

ここ数カ月で、色々な企業の本を読みました。例えば、日立製作所は２００９年に７０００億円以上の赤字を出していましたが、2年でV字回復を果たしました。その時、日立は『社会イノベーション』という言葉を掲げ、グループの変革を実現しました。『社会イノベーション』は戦略が凝縮された言葉です。サプライチェーンの上流から下流まで幅広く事業を手掛ける総合電機メーカーだった日立の、事業の選択と集中のコンセプトとなった言葉です。

これくらいわかりやすいビジョンが必要だと思います。

今のうちの中期ビジョンは『技術と人の多様性を活かし、顧客の変革をリードし、サステナブルな暮らしを実現する』ですが、あまりにありふれた言葉で全く独自性がない。また、この言葉を正確に言える社員もほとんどいないと思います。社員がワクワクする言葉じゃないんです」

「それはその通りかもしれないな」と、灰出はうなずいた。

「なので、考えたんです。ＳＯＺＡＩは、実は顧客から見放された経験が少ない会社なんです。売上のほとんどは、既存顧客からのリピート発注です。それはなぜか？　うちの会社には独自の強みがあるんです。

まずは、顧客と深い関係を築く、細やかな人間力。それと、顧客の要望の実現を諦めない、粘り強い技術力。そして、顧客の研究開発を一定期間無料でサポートする部隊がいるのですが、そいつらが持つ、先端オタク力。特に最後の力が大きな特徴です」

「オタクって、秋葉原などによくいると言われる、あのオタクか？」

「そうです！　現に、うちの会社、オタクが多いと思います。技術畑だけでなく営業畑にも」

「そうか」

灰出は微笑みながら、また小さくうなずいた。

「この細やかな人間力、粘り強い技術力、先端オタク力という3つの強みを活かして、かつ今のうちの会社の戦略である『クルマメーカーの100年に一度の大変革に注力する』という内容も踏まえた、こんなビジョンを考えました」

今居は、A4の紙に手書きしたビジョンをバッグから取り出した。

「質濃《しつこ》い変革カンパニー」

「『質濃い』っていうのは、『しつこい』という言葉とかけています！　『濃い』には、オタクっぽさを。『カンパニー』としたのはその言葉に仲間という意味があるからです。僕は、既存の社員と一緒に変革を実現したい」

今居が熱っぽく、唾を飛ばしながらプレゼンした。

「ははっ！　お前、なかなか面白いな！」

紙に目を落としていた灰出が、突然腹を抱えて笑った。

「え、何で笑うんですか！」

灰出が笑う様子を見て、今居はムッとした。

「いや、すまん、すまん。企業のビジョンとしては、非常に特徴あるユーモアに溢れた表現をしていたから。よく考えてある言葉なだけに、余計に妙なツボに入ってしまったんだ」

「え、それじゃ、これだとダメということですか？　個人的にはすごく気に入っているのですが……」

「ダメではない。この言葉はどうやってつくった？」

灰出は、笑ってばかりでは真剣に尋ねる今居の熱意を台無しにしてしまうかもしれないと思い、心を落ち着かせてから、真剣な面持ちで聞き返した。

「どうやって？　一人で悶々と考えてつくりました」

「そうだろう。ビジョンは組織のものなんだ。だから、まず大前提としてな、一人でつくるものじゃない。少なくとも会社のキーパーソンと呼べる人を巻き込んで、みんなの総意を取りながらつくっていく必要がある。あと、この言葉をつくった後のプランはあるのか？」

「い、いえ……。実はまだ、このビジョンを考えただけで、その後のことは考え切れていないんです」

「やはりな。ビジョンってのはな、考えた人はいいんだが、それ以外の人には、なかなかいきなりはしっくりこないものでな。掲げた言葉を浸透させることも、掲げる言葉を考えるのと同じくらい重要なことなんだよ」

「なるほど……。しかし、どうすればよいのでしょう？」

「お前、『インナーブランディング』って知ってるか？」灰出は得意げに言った。

「インナーブランディング……？　あ、先日飲んだ時に先生、おっしゃっていましたね！」

「そうだ。やっと思い出してくれたか」

灰出は笑顔で答えた。

「お前に、『インナーブランディング』について教えよう。

インナーブランディングは、エンゲージメントを高めるために欠かせない取り組みだ。企業にとってのブランドは、その企業が存続する上でのコンセプトとも言える『らしさの資産』のことだが、それをコミュニケーション活動によって顧客や株主に対して認識させるのが『ブランディング』だ。インナーは『従業員向け』ということ。つまり、従業員向けにその企業らしさを認識させ体現してもらうためのコミュニケーション活動全般が、『インナーブランディング』だ。きっとお前の会社を救う道しるべとなるはずだ。紙とペンを持ってるか？」

「はい」と言って、今居は紙とペンを取り出した。

灰出は、そこにクルっと円を描き、その中に文字を書きだした（図表10）。

「世の中には、色んな『組織』がある。企業はもちろん、政治、宗教、部活、サークル、ボランティアなどなど。色々な名称があるが、同一の目的を持った2人以上の集団。それが『組織』の定義だ。

しかし、『組織』は割と簡単にすぐ組成されるものの、長続きせず消滅することもあるし、影響力を持たない小さい組織のままというケースも数多くある。それらを、私は『弱い組織』と呼ぶ。一方、何年も続けて成長し、影響力を強く持つ大きい組織もある。それを『強い組織』とする。

[図表10]　組織変革（インナーブランディング）の3ステップ

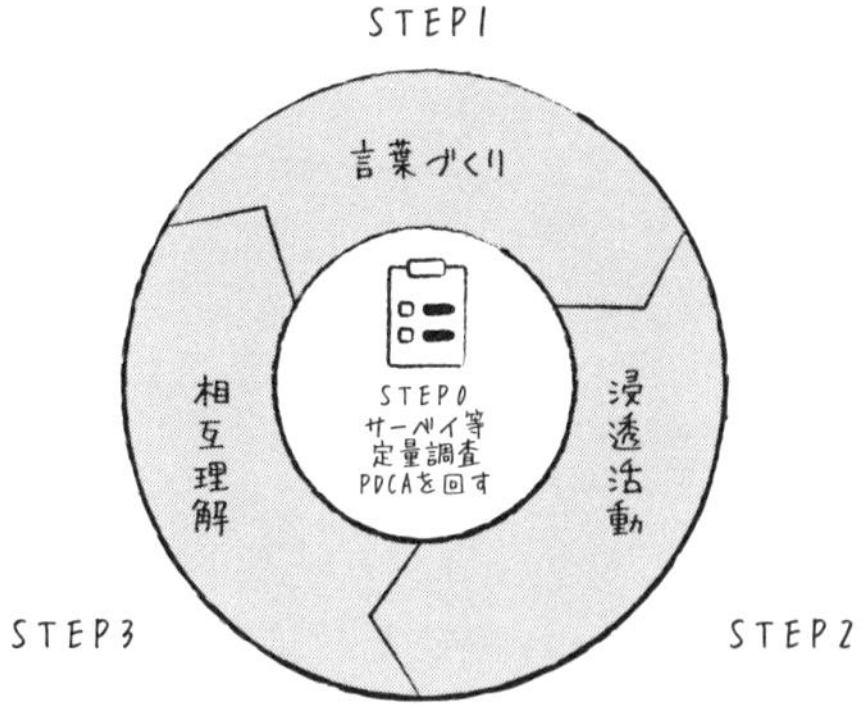

この『強い組織』と『弱い組織』との違いを生み出すものは何だ？」

灰出は今居に聞いた。

今居は、これまで大量に読んできた本のおかげで、最初にビジョンを掲げることの重要さをしっかりと認識していた。そのため、灰出が示した図を見て、「あ！」と言い出しそうになった。

「一番大切なのは、この『言葉』ではないですか……？」

今居は恐る恐る言った。

「ああ。『言葉』が重要なのは間違いない。お前がたくさんの本を読んで気が付いた、その通りだ」

灰出は、今居の目をしっかり見つめて言った。灰出は続けた。

「しかし一番大切なのは、『言葉』だけじゃない。3つのステップなんだ。一つが、完人、お前が気が付いた通り、『言葉』を掲げること。それも独りよがりな言葉ではなく、組織の未来を担う人材の総意をできる限り取りながら、かつ、全体がワクワクするような言葉を掲げなくてはならない。

ただし、せっかく言葉を掲げてもそれをちゃんと全社に『浸透』させなくては意味がない。つまり、もう一つは、浸透のきっかけと仕組みづくりだよ。

最後の一つが、浸透して行動に移した人の個人知を組織知に変えていくことだ。言葉が浸透すれば、人は行動に移す。そこで、必ず気づきを得る。その気づきを組織にフィードバックすることで、その組織はまた強くなっていくんだ」

灰出は一気に話し、目の前にあったビールをグイっと飲んだ。そして、空になったジョッキをダンと机に置いて、「どうだ！」という顔をして、今居を見た。

しかし、今居はついていけていなかった。

「先生、恥ずかしながら、わかったようで、わかりません……。情報が多すぎて」

「何⁉」

灰出は、なぜわからないのか、という顔つきだった。

「もう少しわかりやすく教えてください！　先生は専門家、僕は素人です。僕の掲げた『質濃い変革カンパニー』は、何がどういけないのですか？」

今居は誠実に頼んだ。決して、灰出の小難しい話に対してイラついているのでも、反発心があるのでもない。ただ、「SOZAIのために、少しでも学びたい。そのためのヒントがこの灰出先生の話にはあるはずだ」と心から思う、強い気持ちから出た質問だった。

灰出は、その今居の覚悟・熱意を感じ取っていた。

まずは何よりも「言葉」が大切

「そうか……。わかりづらいようで、すまなかった。一つ一つかみ砕いて説明しよう。

このSTEP1の『言葉』とは何か。『言葉』とはつまり、ビジョンのことだけではな

[図表11]　言葉を分類するためのフレームワーク①

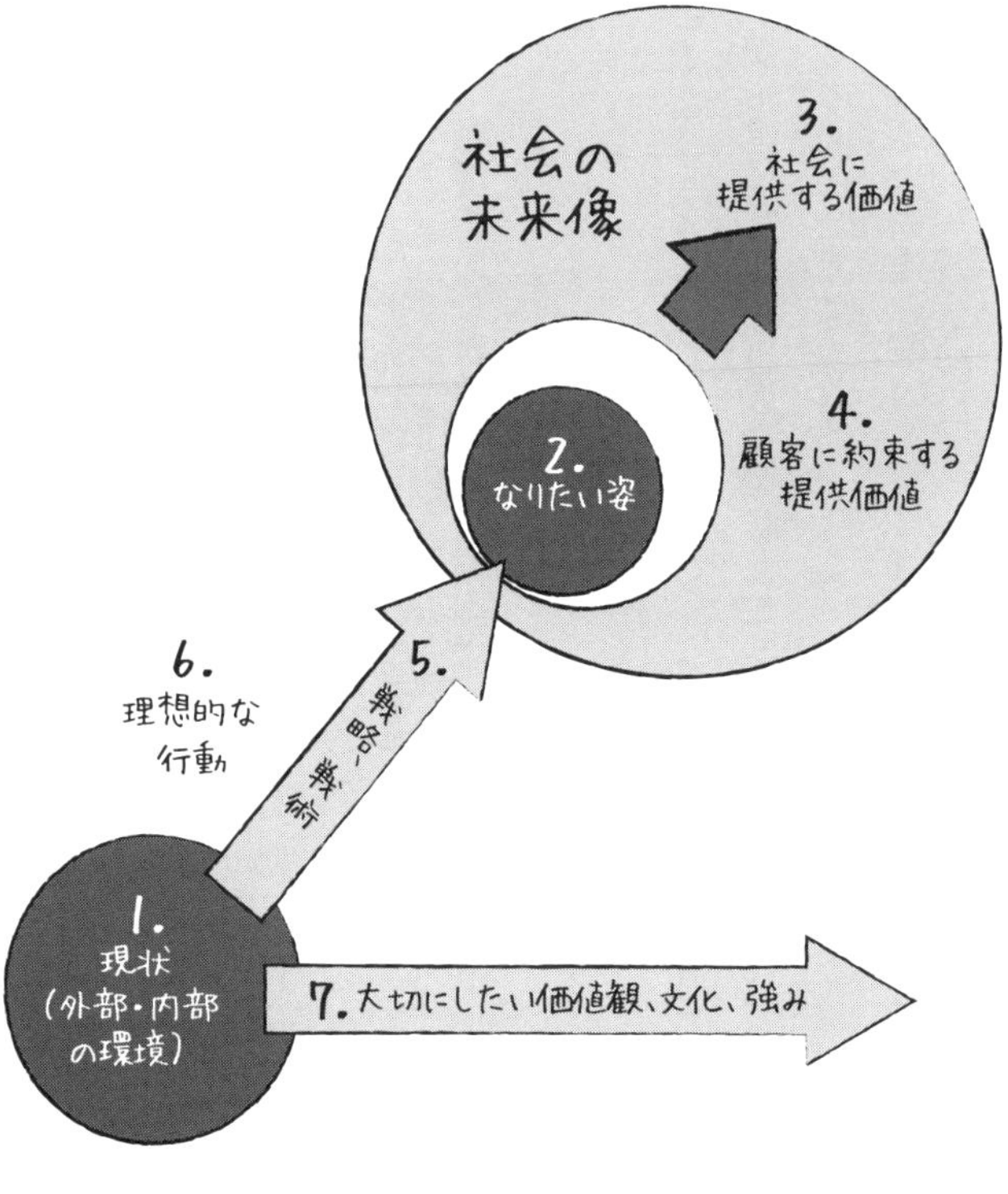

い。経営理念や戦略や戦術のことを指している。会社経営に大切なメッセージやコンセプトのことだ。具体的には7種類ある」と言って、灰出はまたペンを取り、描き始めた（図表11）。

「これが、組織の中で掲げられる言葉を分類するためのフレームワークだ」

「ミッション、ビジョン、バリューっていうのとは違いますか？」

今居は質問した。顧客である自動車メーカーが、そんな理念を掲げていたことを思い出した。

「よく知っているな。ミッション、ビジョン、バリューはかの有名な経営学者のピーター・ドラッカーが企業経営に不可欠な概念として定義した分類だ。そういう一般的に使われている用語をこの図に当てはめれば、こういう風に配置できる」

灰出は、そう言って、先ほど書いた図に言葉を書き足した（図表12）。

「『ミッション』とは、要は、何のためにその組織は存在しているか？『ビジョン』は、

［図表12］ 言葉を分類するためのフレームワーク②

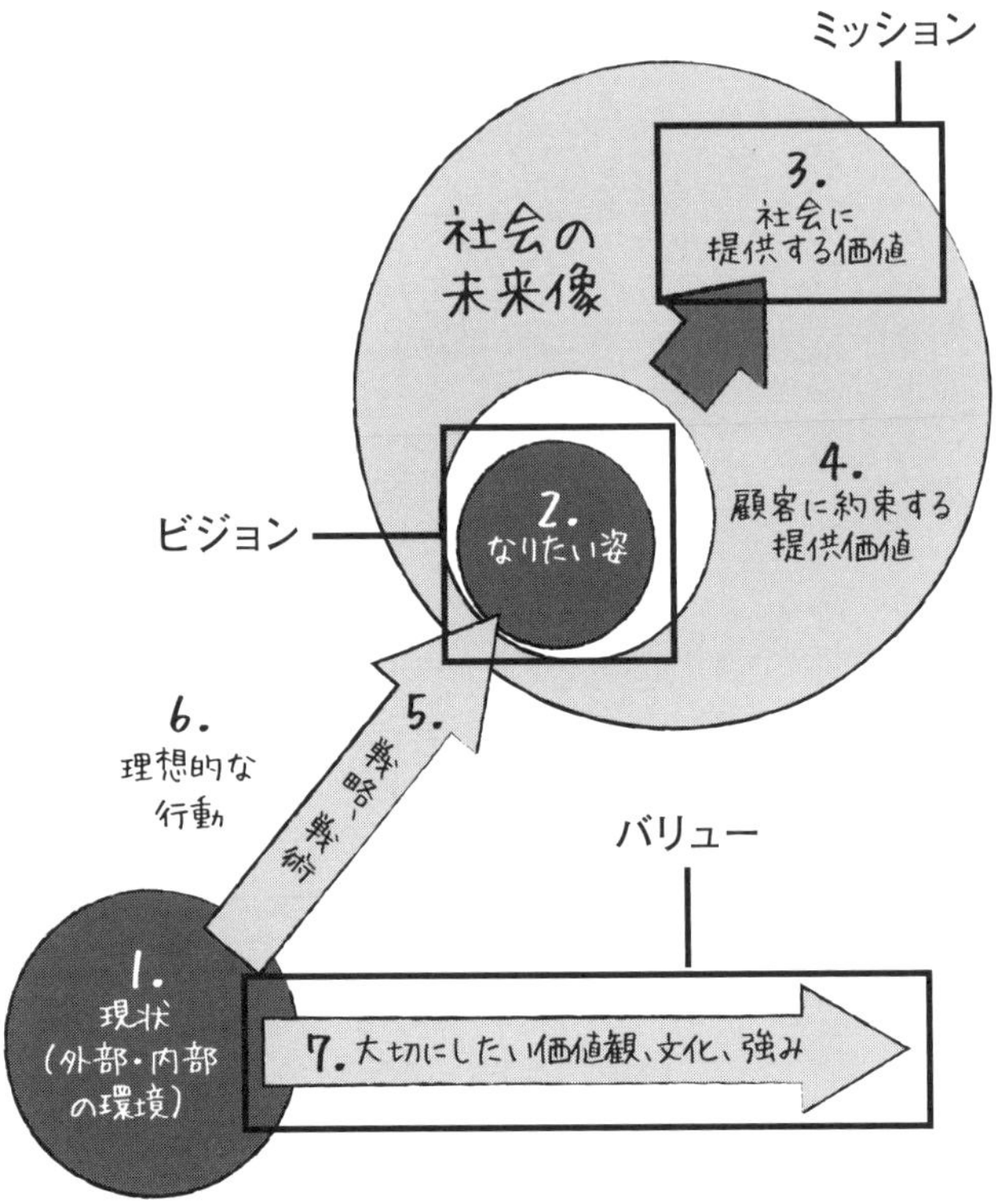

その組織は何を目指していてどんな姿になりたいか？　『バリュー』は、その組織が今後も大切にしていきたい価値観や文化などを指す。

「確かに、僕の働いているＳＯＺＡＩにもこれに相当する言葉があるように思います。それぞれ、当てはまりそうな言葉があったような……」

「ある。事前に調べてきた。ただ、ＳＯＺＡＩの言葉は、それぞれが長ったらしくて力が弱い。完人、覚えているか？」

「はい、もちろん。え〜っと……」と言って思い返したが、すぐに思い出せず、今居は顔をしかめた。

「いや、思い出せないのはお前が悪いわけではない。掲げた『言葉』が悪い。定義が不十分なんだ。『言葉』は、一度聞いたら誰もが忘れないくらいのものが望ましい。だが、そういう力強い定義の言葉を掲げている組織はまだ少ない」

「そうですか。力強い言葉って？　例えば、どういうものですか？」

「スポーツで例えよう。歴代のサッカー日本代表で好きな監督は誰だ？」

「あ、はい。僕は日本代表マニアなので。好きなのは岡田監督ですが、大抵の監督が言っていたことは覚えています」

「よし、じゃ、岡田監督が南アフリカワールドカップで、どんな『言葉』を掲げていたか思い出せるか？」

「はい、覚えています。ええと……この図に当てはめるとこんな感じでしょうか？」

今居はスラスラ描いた（図表13）。

「雑誌やネットの取材記事を読んだり、記者会見で言っていた内容を思い出して書いただけですが、こんな内容だったと思います。岡田監督、本番直前で戦略を変えたりしていましたが……」

[図表13] 岡田監督（サッカー日本代表）の言葉

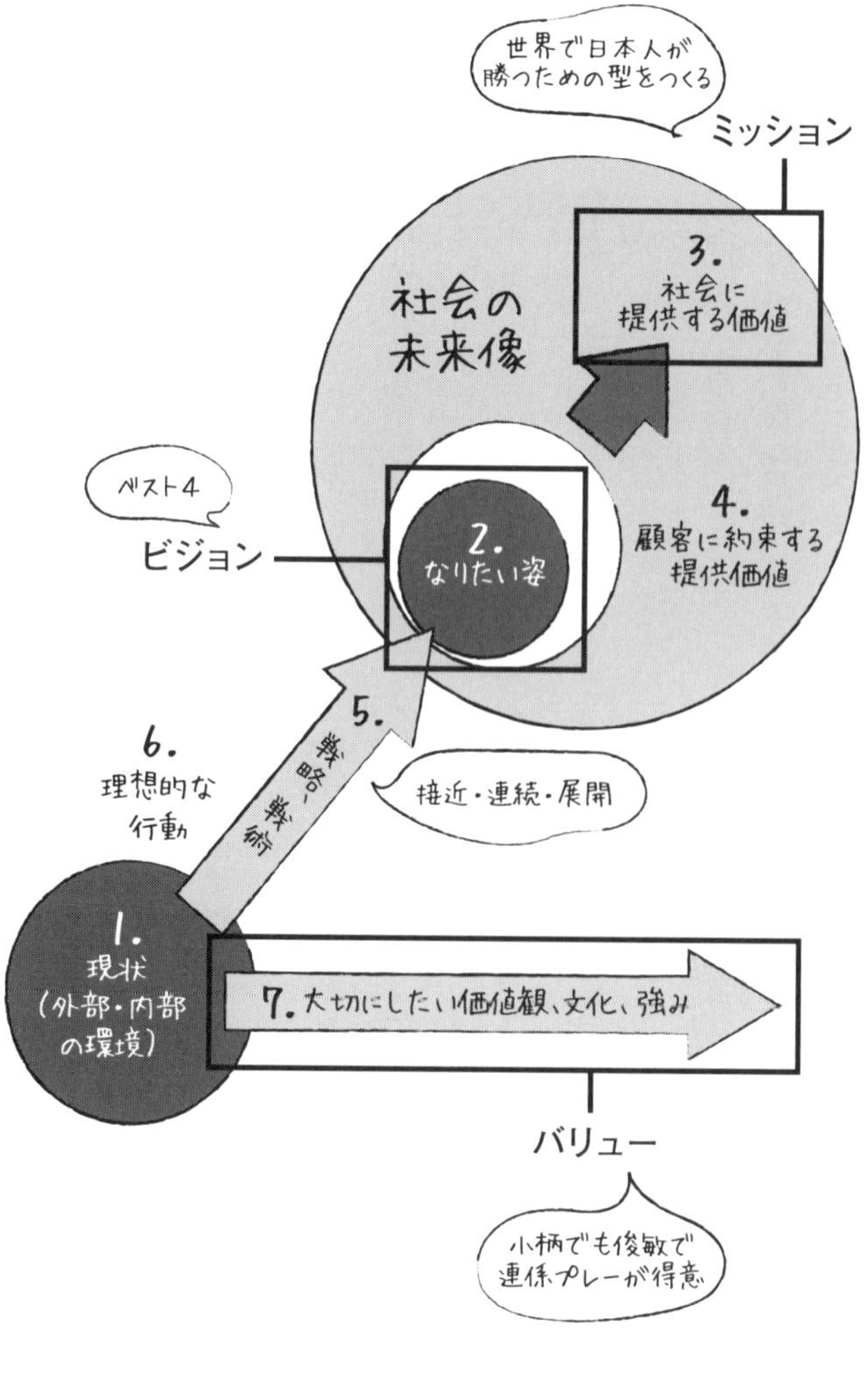

「うん、よく覚えているな。これは感心した。ほぼこの通りだ」と言って、灰出はバッグを開けて、一枚の紙（図表14）を取り出した。

「これは、これまで日本代表の監督が掲げてきた『言葉』だ。

岡田さんはなりたい姿と戦略・戦術を常に明確にしておきたいタイプの監督で、組織の『言葉』を掲げるのが非常にうまい監督だった。特に南アフリカ大会では直前のコンセプト変更はあったものの、準備段階からかなり明確に明文化しており、チームスタッフやメンバーは岡田さんの下では迷うことが少なかったのではないかと思う。

一方、『言葉』が曖昧であり、あまり明文化もしていなかった監督はジーコさんとザッケローニ（ザック）さんだ。

ジーコさんは、選手に『考える自由』を与えていた。これ自体は素晴らしいことだったが、あまりに考えさせてしまい、組織としてはやはり機能しなかったようだ。この時の日本代表チームは、アトランタ五輪世代や黄金世代と呼ばれる選手たちが成熟期を迎えていて、個々の能力は非常に高かった。しかし、組織としての統率が取れていなかったようで、会話も少なかったらしい。組織を『強い組織』たらしめる『言葉』が足りていなかったのだと、私は見ている。

[図表14]　サッカー日本代表歴代監督の言葉

名称	❶現状［外部・内部の環境］	❷なりたい姿	❸社会に提供する価値	❹顧客に約束する提供価値	❺戦略、戦術	❻理想的な行動	❼大切にしたい価値観、文化、強み
岡田ジャパン	ワールドカップ初出場	1勝1敗1分け	—	初勝利	3バックから5人のMFでゾーンプレスし、カウンターで得点を狙う	—	—
トルシエジャパン	ホームで有利	グループリーグ突破	サッカーを日本国民の間に浸透させる	初の決勝トーナメント進出	フラット3	戦術理解と体現	—
ジーコジャパン	史上最強	—	—	—	—	選手自身が考える	—
岡田ジャパン	期待されていない	ベスト4	世界で日本人が勝つための型をつくる	世界に通用する日本	接近・連続・展開	—	小柄でも俊敏で連係プレーが得意
ザックジャパン	長らくメンバーを固定	—	自分たちのサッカーで世界を驚かせる	—	相手に合わせるよりも、自分たちのやりたいことを出そう	—	チームの和
西野ジャパン	期待されていない	勝ち点4	—	—	「縦に速い攻撃」と「パスで崩す攻撃」の融合	ポリバレント（複数のポジションをこなせる）	人もボールも動く

ブラジルワールドカップのザッケローニさんの時も、ジーコジャパン同じく、史上最強と言われ、期待されたが、結果は芳《かんば》しくないものだった。『自分たちのサッカー』という標語を掲げていたが、それが何なのか、やはり言語化しなくてはいけなかったと思う。『言葉』はあるのだが、その定義が不十分だった例だと、私は見ている」

「なるほど、こうやって見るとわかりますね。確かに、うちの会社には力強い『言葉』がないかもしれません」

「そうだ。まずは何よりも『言葉』が大切なんだ。

実は、多くの日本企業には『理念』はあるのだが、力強く十分に定義されている企業はほとんどない。まず組織をよくしたいのなら、この言葉を考えるところから始めなくてはいけないんだ。これが、俺が専門とする『インナーブランディング』の第一歩だ」

「で、さっき僕が見せた『質濃い変革カンパニー』の何がいけなかったのですか？」

「それは、言葉自体が悪いと言っているのではない。言葉のつくり方が悪いんだ」

灰出は、はっきりと言った。

「僕が独りでつくったのがよくないのですかね？」

「そうだ。組織として掲げる言葉は、組織の中で、未来を担う中核となる人材を巻き込みながら、その総意として作成しなくてはならない。社長はもちろん、経営陣の全員、そして現場で活躍するスター社員は特に外せない」

「それは、なぜでしょう？」

「組織が一枚岩になれないからだよ。

経営陣のうちでも、特に未来の姿に対して強い発言力・影響力のある人間が全員納得した状態でなければ、その下の現場には決して浸透しない。

もちろん、現場にいる人間も巻き込まなくてはいけない。特に現場から慕われている人間は、言葉づくりの段階で巻き込んでおかないと、その後、反発が起こる可能性がある。

現場のリーダーみたいな人間は味方にしておく必要があるぞ」

「そういうものですか……」

今居は、納得しているようでしていないような、いぶかしい顔をしていた。その顔を見た灰出は、どうにかわかりやすく説明できないかと、頭に手を当てて、天井を見上げた。

「そうだ！　例えば、完人、覚えてるか？　お前、高校のサッカー部の時に一度、俺の掲げた言葉に反発したことがあるんだ」

「え!?　そんなことありましたっけ……？」

「ああ、あったよ。お前らの代が3年生に上がる直前の春休みだったかな。合宿中、いくつもの強豪校と練習試合をしたのだが、あまり勝てなかったことがあった。

その後、学校に戻って、俺はみんなを鼓舞しようと、会議室に選手全員を集めて、新しい戦術を発表したんだ。その時のことだ」

「ああ、ありましたね……」

今居は思い出した。

「そこで俺は、合宿後、考え抜いた結論として、これまでと戦術を大きく変えていきたいと発表したんだ。『個を活かしたクリエイティブなパスサッカー』から『組織的な守備を重視したカウンターサッカー』にしよう、と。フォーメーションも変えて、選手一人ひとりに、これまでと動きをどう変えていってほしいか、まで説明した。

しかし、その途中で攻撃的なポジションだったお前が食ってかかった」

「覚えています。こう言いました。『意図は理解できるんですが……。ワクワクしなくないですか？』と言いました」

「そうだ！『ワクワクしない』。そう言ったんだ。俺は一瞬、こいつは突然、何を言い出すんだ、と思ったんだが、後ろの方で何人かの他の選手が小さくうなずいたんだ。それを、俺は見逃さなかった」

「よく覚えています。先生は普段から、僕たち一人ひとりの人生と向き合って、個性を尊重してくださっていた。もちろん、基礎的なことができていることは大前提でしたけど、基礎がある程度できてからは『お前たちはどうしたいんだ？』という風に向き合ってくださっていました。しかし、あの会議室での先生はいつもと違いました。試合に負け続けていたことで、焦ってらっしゃったように見えました」

「その通りだ、完人。俺は、焦っていた。あの時のチームは個々のレベルだけ見ると、歴代最強だった。しかし、なぜだか、結果が見えてこなかった。試合のビデオを見返してみると、理由は明白で、全員がテクニックにおぼれてしまっていて、守備のカバーリングの意識に欠けてしまっていたんだ。

俺が俺が、と一人ひとりが主役であろうとしすぎて、攻撃の時はともかく、守備の時に特に走らなくなってしまっていた。そういった理由があっての発言だったんだが、理由を説明することなしに、戦術の変更をみんなに告げてしまった。そのため、みんなの中に反発心が生まれていたんだ。

俺は、あの時に悟った。チーム全体の方針や戦術を変える際には、キーパーソンになる人間には事前に根回しをしておかないと、うまくいかないことを」

「なるほど！　確かにそうだったかもしれません。

その後、先生は、僕や僕以外にも、反発心を持った中心選手一人ひとりにヒアリングして、その考えをくみ取った上で、改めて戦術を発表されてましたね。僕もヒアリングを受けたので、その後の戦術には非常に納得感を持つことができました」

「そういうことなんだ。その後に掲げた戦術は『巧守《こうしゅ》、巧走《こうそう》』だ。

意図していた意味は実は変わらず、守備の意識をしっかり持ってほしいという意味だったのだが、『巧（たくみ・うまい）』という言葉を入れたことで、一人ひとりのクリエイティビティが尊重されて、チームに受け入れられる戦術になった」

「そういうことですね……。確かに、『巧守、巧走』はその後のすべての練習や試合の中で、迷った時に立ち返る言葉になっていました。先生のいない場でのチーム内のコミュニケーションでも、『巧守、巧走』というキーワードが使われていました。僕たち中心選手がその言葉をよく使っていたので、他の全選手にも徐々に浸透していき、気が付けば全員のものになっていたと思います」

「そうなんだ。そこで話を元に戻すがな、『質濃い変革カンパニー』はどうだ？　例えば、その言葉が突然、全社に発表されて、みんながどう思うか？」

「なんだそりゃ、と反発を受けるような気がします」

「そういうことだ。つまり、インナーブランディングの第一歩は間違いなく、言葉を掲げることにあるのだが、決して独りよがりでつくってはいけない。

もちろん、全員を巻き込んでつくるのは難しいが、その組織の中枢にいる、未来を担う人材の意見もしっかりと踏まえた上で作成する必要があるんだよ。これは、忘れてはならないことだ。

そして、その大切さを一番最初に気づかせてくれたのは、完人、若き日のお前なんだよ」

そう言って、灰出はニコッと笑った。

解説

サントリーの成長を可能にした創業者の言葉

多くの企業や組織が、その組織において指針となる言葉を掲げています。その組織を組織たらしめる根底にあるものは、言葉です。言葉が人を惹きつけ、言葉がすべての活動の一体感を生む源泉になります。

言葉には相当、こだわらなくてはいけません。そして、言葉は「内に秘めているもの」であってはいけません。明文化し、しっかりと掲げなくてはいけません。

例えば、酒類・飲料メーカーであるサントリーグループは、大切にしている価値観などの言葉を力強く、かつ、美しく体系的に掲げています（図表15）。

掲げられている言葉の一つ一つに、歴史とエピソードと想いが深く込められています。中でも、創業者・鳥井信治郎氏の口癖だった「やってみなはれ」という言葉は有名ですが、サントリーのホームページでは次のように解説されています。

［図表15］　サントリーグループの理念体系

サントリーグループの歴史をつくってきたのは、常に果敢なチャレンジ精神でした。誰もやらなかったことに挑む。常識を疑い視点を変え、考えぬいて、ひたむきに行動する。失敗や反対を恐れず、ひたすら挑戦しつづける。新しい市場創造も、新たな価値提供も、そんな情熱から生まれました。『やってみなはれ』は、現在も未来も、わたしたちの事業の原動力となる価値観です。

関西弁の「やってみなはれ」という言葉の響きから、先輩が後輩の背中を笑顔で押すような、そんな状況を私は思い浮かべてしまいます。

実際、役員・部長クラスの方々がいる会議などに参加する機会がありましたが、若手が自分の意見を次々と発言するだけでなく、その意見が尊重されるシーンを繰り返し目にしてきました。しかも、その決まった内容が、これまでの前例にとらわれない非常にチャレンジングな内容だったりもするのです。

また、この言葉のすごいところは、その浸透度です。２０１７年にサントリーグループで、この「やってみなはれ」の認知率を調査したところ、中核企業の中ではほぼ１００％

で、グループ会社すべてを入れても80%を超えるという結果だったそうです。

サントリーグループが経営的に苦しい状況に立たされた時にも、やはりこの言葉が判断基準になったと聞いています。

営業などの現場では「売上目標をとにかく達成しなくては」という雰囲気もあったそうですが、経営陣が発信したのは「一人ひとりが『やってみなはれ』の精神で奮起してほしい」というメッセージだったそうです。

そして、カンパニー制を取り、各カンパニーにこれまで以上の裁量権を与えることで、苦難を乗り越えました。

その後、サントリーはまた成長路線に戻り、今や世界でも有数の売上を誇る酒類・飲料メーカーとなっています。力強い言葉は、苦境に立たされた時の判断基準・行動基準にもなり得るのです。

02 「組織の未来へとつながる言葉」を浸透させる方法

組織変革の担い手は誰か？

灰出と今居はその後も、飲み続けていた。サッカー部の練習が終わり、合流したのが、夕方5時。そこから1時間半ほどが経とうとしていた。

今居が窓の外に目をやると、日はすでに沈んでいた。

「なんだ、お前、もう帰ろうとしているのか。話も盛り上がってきたんだ。まだまだ飲むぞ」

灰出の酒を飲むペースは全く落ちていなかった。顔色も変わっていなかったが、目がちょっと据わってきている。これは酔っている、と今居は思った。

「わかりました！　飲みましょう。僕も酒は結構いける方なんです」

今居は、笑顔でそう言った。

今居は嬉しかった。最近は、上司とも部下とも同僚とも、飲みに行ってこのように語り合うような時間が減っていたからだ。

昔は、次の日仕事があったとしても、よく朝まで仕事について語り明かしたりしていたものだ。「俺はこんなことがしたい、こんな風になりたい、こんな会社にしたい」と議論を交わしていた。時に喧嘩《けんか》みたいになることもあったが、みんな、それだけ会社や仕事に真剣だった。しかし、そういう時間はめっきり減ってしまった。今居は、それが不満だった。

「先生、最近の若い世代は、飲みに行こうと言っても断るやつが増えましたね。おごると言っても来ないんですよ。いざ来ても、語り合う内容は、誰と誰が付き合っているだの、奥さんがどうこう、最近行った合コンがあだこうだ、ＹｏｕＴｕｂｅのこの動画が面白いだのなんだの。そんな話ばっかりです。今の日本は大丈夫ですかね？

ちょっと前は、会社や仕事について熱く語り合うような飲み会が多かったと思います。どんどん軟弱になってきている気がします」

今居は、考えていたことがそのまま口からこぼれてしまった。今居も少し酔い始めていた。

「時代が変わったんだよ。昔は、特に男はな、『仕事だけ』だったんだよ。子供のおむつだって、一度も替えたことのないやつばっかりだったんだ。当時はずっと真夜中まで仕事してたって、誰にもとがめられない。そうなると、仕事ばっかりさ。

でも今は違う。不景気のせいもあるが、男女共働きになって、男は仕事ばっかりじゃいられなくなった。家に帰ったら炊事洗濯、食器洗い、子供のしつけも、ちゃんとこなさないといけない。そもそも飲みに行っている場合じゃないんだよ。お前はどうだ？　確か、娘が小さかったんじゃないか？」

この灰出の言葉に、今居は少しドキッとした。さっきから妻と娘の顔がちらついていた。連絡してなかった……。連絡しなくては、怒られる。そっとスマートフォンを出して、『飲んで遅くなります』と、ＬＩＮＥを妻に入れた。

「そうかもしれないですね……」

今居はため息をついた。

「そういうことなんだよ。今の時代、男だって、仕事のことばっかり考えてられないんだ。奥さんと二人で、二人三脚で、仕事も家事も頑張らないと回らないんだよ。それで、日本中が働き方改革で長時間労働の大是正を始めた。

そしたらどうだ。政府の『定常業務を効率化して、付加価値業務にシフトせよ。イノベーションを生み出せ』なんて意図は全然現場に伝わってない。ただ、やりたいと思うことをする時間を奪われた、という感情になる。『時間がない』って言い訳を言うやつは増えただろう。どうだ？」

「まさに、おっしゃる通りだと思います。しかし、先生、若い世代についてだいぶお詳しいんですね」

「まあな、インナーブランディングの仕事をしていると、若い世代を対象にすることも多くてな」

「そうなのですか？　しかし、先ほどは、企業の中核を担う人材を巻き込むべきだとおっしゃってたじゃないですか。てっきり、インナーブランディングにおいて重要なのは、経営陣と現場のスター社員の巻き込みであって、現場の若い世代などは後から変革についてくるものだと思ったのですが」

「それは組織の指針となる言葉をつくる上での話だ。組織の未来へとつながる言葉をつくるのは、やはり組織を俯瞰《ふかん》して見ている立場の人間でなくてはならない。時代の先を読み、競合の動きを把握し、これまで築き上げてきた土台の上で語れる人間が掲げた言葉でなくてはならないからだ。そうでないと、組織全体としての道を踏み外してしまうかもしれないからな。

ただな、変革の担い手であり、実行者は、やはり若い世代だ。とある大手製薬メーカーの研究開発職の組織長の方に聞いた話だが、新薬の研究開発の世界では、ある程度若いうち、30代くらいまでに芽が出てこないようであれば、その後もみんなを驚かすような人材には育たないそうだ」

「へえ、なぜですか？」

「なぜかというと、その方は『センス』だとおっしゃっていたよ。研究開発の世界だけの話ではないが、これまでにない発想にたどり着くには、誰のものでもないその人独自の感性が必要なんだろうな。現場で仕事に没頭し、夢中になっていると見えてくるものがあるのだろう。

年齢が30代なのかどうかっていうのは、大手企業にとっては、それがマネジメントなどの管理側に回る前の年齢だったりもするから、その企業にとってはそうだというだけかもしれんが。いずれにせよ、若いエネルギーを使いこなせるかどうかは経営側にとっては重要な命題の一つだよ」

「なるほど、だとすると、本当に組織を変革しようと思ったら、経営陣や現場のスター人材を巻き込んで言葉をつくるだけじゃダメで、さっき先生が描いてくださったインナーブランディングの図のSTEP2が重要になるということなんですね。

先生、真面目な話ばっかりで大変恐縮なのですが、せっかくなので教えてください。僕は今度、社長にプレゼンしようと思っています。そこで、会社全体がワクワクするような言葉をつくることと、その後の浸透プランまで提示しようと思っています。でも、正直、浸透のさせ方については、そこまでは詳しく考えられていませんでした」

組織に言葉をどう浸透させていくか？

「ああ、わかった。さっきの紙をもう一度取り出してくれ。ＳＴＥＰ2について、教えよう」

今居のこの言葉を聞きながら、バッグにしまっていた紙（１００ページの図表10）とペンを再び取り出し、机の上に広げた。

「その組織の中で新しい言葉がつくられて、それを浸透させようと思った時、どうすればよいと思う？」

灰出は今居に尋ねた。

「そうですね……。すぐ思いつくのは、言葉をカードにして全従業員に配ったり、それをもとに研修したりすることですかね」

「そうだな。それも立派な浸透方法の一つだ。それ以外に思いつくことはないか？」

「え、ええと……」

そう言って、今居はSOZAIで16年務めてきた中で、目に触れたものや教えられてきたことを思い返した。

「色々と思い出してきました。うちの会社で社長が交代した時には、全社員を集めた集会を開いていました。そこで、社長が新しい言葉を発表していたな……。ええと……」

「『フロム・スクラム』じゃないか？」

「え、ああ！　それです。よくご存知ですね。今の古井二一社長は昔、ラグビーをやってらっしゃって。ラグビー用語を使って、今後の会社の方針をお話しされていました。そう、フロム・スクラム、と言っていました。新しい気持ちで頑張っていこう、と。新規事業だけでなく、既存事業もゼロからつくるような気持ちで見直してみようじゃないか、と。そんなようなことをおっしゃっていました。

そういえば、その全社集会の後、二一社長が長々としたメールで、そのフロム・スクラムに込めた意味を全従業員向けに送っていました。僕は今でも、そのメールを保存しています」

「なるほど、よい言葉じゃないか。スクラムは試合再開の型を意味しているんだな。二一社長が現職に就かれたのはもう5年も前の話だろう。それでもお前が覚えているくらいなんだから、浸透はうまくいったと言えるんじゃないか」

「ええ、二一社長のプレゼンがすごく熱がこもっていましたから。よく覚えています。ただ、すでにお話ししていたかもしれないのですが、僕は二一社長が部長だった時代に直属の部下だったので、共感しやすかったのかもしれません」

「ふむ。今の話の中にもヒントはたくさん転がっている。理念や戦略など、新しい言葉ができた時、それが組織にいきなり浸透し広がっていくということはない。浸透度合いにはレベルがある」

そう言って、灰出はバッグから、図が描かれた紙を取り出した（図表16）。

［図表16］　理念の浸透度のレベル

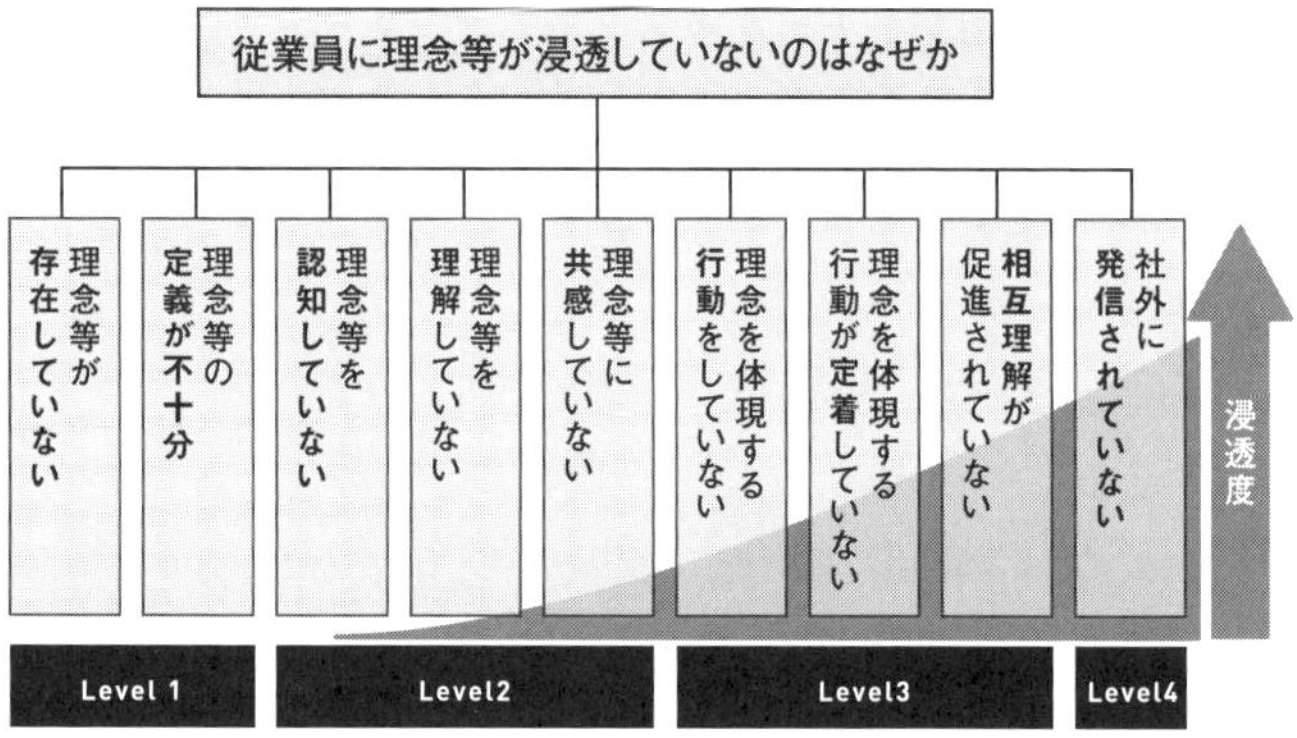
従業員に理念等が浸透していないのはなぜか
理念等が存在していない
理念等の定義が不十分
理念等を認知していない
理念等を理解していない
理念等に共感していない
理念を体現する行動をしていない
理念を体現する行動が定着していない
相互理解が促進されていない
社外に発信されていない
浸透度
Level 1
Level2
Level3
Level4

「レベル1が、そもそも理念が存在しない、もしくは、時代に合っていないというような状態だ。このレベルにある会社も意外とある。いや、実に多い」

「SOZAIも、もしかしたら、レベル1かもしれません」

「そうかもしれないな。レベル1かどうかは、先ほど見せた図に言葉を当てはめてみればすぐにわかる」と言って、灰出は右手を上に向けて、曲げた指を前後に小さく動かした。この手をチョイチョイとさせる仕草は、図を描いた先ほどの紙を出せ、という合図だ。その仕草は監督時代に選手を呼ぶ時と同じで、今居はフッと笑顔になった。

「これですね」

今居は図を出した（103ページの図表11）。

「そう、これだ。これに組織の中にある言葉を当てはめていった時に、不足しているものがあったり、時代と合っていない言葉になっていたり、言葉としての強さが足りずに組織にしっかり浸透していなかったりした場合は、レベル1だ」

「なるほど」

「そして、レベル2は、言葉はしっかり揃っているし、それぞれの言葉の強度は高いのだが、社員の『共感』を得られていないという状態だ。言葉の浸透度には、『認知→理解→共感』という段階がある。

『認知→理解』までは、案外、簡単なんだ。先ほど、完人が言ったように、社長が全社集会で語り、カードなどに書いて渡し、さらに全社員にeラーニング（WEB上の教育システム）などを使ってテストをすれば、全社員が『知った・わかった』という状態にまでは持っていける。

しかし、難しいのが『腹落ちする』という状態をつくることだ」

「ふむ、なるほど……」と今居はうなずいた。しかし、心からは納得できていなかった。

「しかし、先生、社長が全社集会に人を集めて語り、そこで語った言葉の真意を込めたカードを配って、全社員に研修までしたら、普通はある程度共感して、行動にも移してみるものではないですか？　僕だったら、そうなのですが……」

「完人はそうかもしれないな」と、灰出は笑って続けた。

「しかし普通は、多くの人は、組織の長が語ることも、右耳から左耳に聞き流すものなんだよ。完人は素直だし、主役意識が強いから違うのかもしれんが」

「そうかもしれません。おっしゃっている意味はわかるのですが、認知と理解と共感……はどう違うのでしょうか？　理解までいけば、共感もするような気がするのですが」という今居の言葉を受けて、目をグッと閉じた灰出は話を続けた。

「また違う例え話をしよう。ラグビーは好きか？」

「あ、はい。詳しくはないですが、２０１９年にワールドカップの開催国になりましたし、今注目のスポーツですから」

「ああ。今や日本ラグビーと言えば、２０１９年にワールドカップの開催国ともなり、ベスト8という結果も出した。日本を代表するスポーツの一つと言っても過言ではない。
しかし、そういう認識を持たれだしたのもつい最近で、日本は、ワールドカップで20年以上も勝てていないような弱小国だった。この状態を脱しようと、２０１２年に日本代表のヘッドコーチとして招聘《しょうへい》されたのが、その後イングランド代表のヘッドコーチにもなったエディ・ジョーンズさんだ。彼は様々な改革を施していったが、やはり最初に取り組んだのは、ビジョンを掲げることだった」

「おお、やはりそうなのですね。まずは言葉を掲げたと」

「そうだ。どんなビジョンだったかというと、『世界ランキングでトップ10入りできるチームになろう』というものだった。しかし、それを言い出した当初の選手の反応はとても白けたものだったそうだ」

「え、そうなんですか」

「ああ。日本人は外国人に比べて体が小さく、元々農耕民族でもあるから、勝てるわけがない、と。そういうリアクションだったそうだ。自分たちは弱い、という強烈な思い込みがあったらしい」

「へえ、それは知らなかったです」

「そういう状況だったので、チームの強化はとても大変だった。先ほどの『世界ランキングトップ10入り』というビジョンの他にも、『ジャパン・ウェイ』なるものも掲げて練習に取り組んだそうだが、自分たちは弱い、という思い込みはなかなか解けなかった。

そこで、エディ・ジョーンズさんは言葉でメッセージを伝えるのではなく、ある映像を見せたらしい」

「映像を？　どんな内容だったのですか？」

「ああ。見せたのは、世界ナンバーワンのラグビー大国であるニュージーランドとの国際試合が始まる前の映像だ。そのニュージーランド代表の『ハカ』の映像を見せた。知ってるか？　ハカ」

「わかりますよ。ニュージーランドの先住民が戦いの前にやる儀式の踊り、ですよね。あの、手を叩いたり足を踏み鳴らしたりして、相手を威嚇するという。え、でも、ハカを見せて、どうしたんですか？」

「ハカを見せたのは、世界最強のチームの最大の特長であるフィジカル（体の基礎能力）を伝えたかったからだそうだ。百聞は一見に如《し》かず。相手のことを知れと」

「でも、それだと、余計ビビって委縮してしまいませんか？」

「ああ、ビビるだろう。自分たちとニュージーランド代表とでは大きな差があると感じたと思う。しかし、その数日後、もう一つの違うビデオを選手一人ひとりに送った。

それはニュージーランド代表のトライ（ラグビーの得点方法の一つ）と、日本代表のトライを連続して収めたものだ。それぞれのトライは比較してみると、わずかな違いはあれど、大きな違いはない。

どこに違いがあるかというと、強靭《きょうじん》なフィジカルによって試合が終わる最後まで同じトライをし続けられること。それがニュージーランド代表の強さである、ということがわかるビデオだったそうだ。つまり、エディ・ジョーンズさんが伝えたかったことは、自分たちに何が足りないかを正しく客観的に考えさせることにあった」

「なるほど。勝手な思い込みによって、自分たちは弱いと決めつけているが、よくよく分解してみると、埋められない差ではないということを自覚させたかった。それを言葉で言っても伝わらないので、映像という媒体を使って伝えたんですね」

「そうだ。そうやって、エディ・ジョーンズさんは日本代表の選手一人ひとりに自らの課題をしっかりと認識させたらしい。これが『認知』や『理解』の先にある、『共感』というものだ。

まずは組織全体の方針となるメッセージに高い共感を持ってもらうこと。浸透の初期段階では、それが非常に重要だ」

「よくわかりました！　つまり、頭ではなく心に訴えかける。深層心理にメッセージを刻む。それが重要、ということではないでしょうか？」

「その通りだ。もちろん、その後の施策を継続し続けることも大事になってくる。

エディ・ジョーンズさんも、最初に映像を見せただけで終わりではなく、『武士道』から発想した『ジャパン・ウェイ』を明文化し、シンボルとなるマークを作成して事あるごとに目に触れるようにしたり。また、それを選手に伝えるために、わざと色々なメディアからの取材を受けては繰り返し語ってみたり。とにかく、同じメッセージを手を変え品を変え、様々な角度から選手に浸透させるための努力をしたそうだ。

その結果、２０１４年には目標としていた世界ランキングトップ10入りを実現し、２０１５年のワールドカップの舞台で、当時の世界ランキング3位だった強豪国・南アフリカを撃破するという偉業を成し遂げたんだ」

「あのラグビー日本代表の躍進劇の裏には、そんな話があったのですね。知らなかったなあ」

夢中になって話を聞いていた今居はそう言って、汗をかいたグラスにようやく口をつけた。

解説

経営メッセージを浸透させるための「二つの施策」

「自社や社会が目指すべきなのはどんな状態か」を定義する言葉（経営メッセージ）を浸透させるためのインナーブランディング施策は、大きく分けて二つの種類があります。**仕組みとして日々機能する「ファンクショナル」な施策と、従業員の記憶と心に訴えかける「エモーショナル」な施策**です（図表17）。

例えば、評価制度や研修制度、表彰制度など、定期的に取り組む施策が「ファンクショナル」な施策です。

インナーブランディングに着手する際、多くの企業がこのファンクショナルな施策だけを考えた設計をしてしまいがちです。確かに、経営メッセージをしっかり組織に定着させるには、そのメッセージを浸透させるためのきっかけづくりや仕組みづくりが欠かせません。しかし、ファンクショナルな施策だけでは、社員に押しつけられた感が生じてしまい、最悪の場合、反発心を抱いた社員の離職につながってしまうこともあります。

［図表17］　経営メッセージを浸透させる施策

ファンクショナル
(Functional)
仕組みにすることで
日常化する
両輪が
揃うことで
高い効果を
発揮する
エモーショナル
(Emotional)
心に訴えかける

一方、従業員の主体的な理解・共感を促す施策が「エモーショナル」な施策です。

理念に関わる物語を様々なクリエイティブ（映像・冊子など）に落とし込むことで、受け取りやすい情報として、社員に押しつけがましくなく浸透させることができます。例えば、「社史を紐解きながら、理念やビジョンをストーリーで伝えて、理解を促す本」や「企業理念を体現している従業員のエピソードを紹介し、共感を誘う映像」などです。

特に、経営メッセージとなる言葉をつくった初期段階においては、エモーショナルな伝え方をする工夫が重要です。感動した映画がいつまでも人の心に残り続けるように、伝え方一つでその言葉の浸透度合いは大きく異なってくるものなのです。

このファンクショナルな施策とエモーショナルな施策の両輪を揃えることによって、経営メッセージの浸透スピードや浸透度が各段に高まります。

インナーブランディングの施策が単発で終わってしまい、その後は放ったらかしになってしまっているケースも多く見かけます。私は、そのような施策を、「打ち上げ花火」と呼んでいます。「打ち上げ花火」になってしまわないためには、認知から理解・共感・行動定着まで、一連で設計することが重要です。

上手に設計するには、まず、元々行っていた施策を年間スケジュールに落とし込んで整理し、それにエモーショナルな施策を掛け合わせていくことをおすすめします。社員総会や年頭挨拶など、伝統行事になってしまっていて、急には変更できないものが必ずあるはずです。まずは、そうした施策を整理することから始めてみてください。

図表18は、施策を種類と効果度合いによって分類した一覧です。施策の整理をする上で参考になると思うので、ぜひともご活用ください。

［図表18］ 経営メッセージを浸透させる施策の種類と効果

	ファンクショナル			エモーショナル				
	場	制度	研修	広告	WEB	映像	印刷物	講話
施策例	・周年イベント ・キックオフ ・表彰式	・評価制度 ・インセンティブ	・新入社員研修 ・管理職／一般職研修 ・幹部研修	・CM ・新聞広告 ・雑誌記事広告	・社内SNS ・社員情報共有サイト ・コーポレートサイト	・ヒストリー ・模範社員エピソード ・ビジョン	・社内報 ・理念冊子／カード ・理念ストーリー本	・年頭挨拶 ・全社朝会
長所と短所	・一体感を醸成できる ・モチベーションアップにつながる ・一過性が高い	・強制力が高い ・心には響かない	・行動を変える訓練ができる ・聞き流されてしまうことがある	・社外との約束として強制力がある ・社内に浸透せずに発信した場合顧客からの信頼を失う可能性がある	・常に最新情報を発信できる ・強制力を持たせられる ・見てくれないことがある	・心と記憶に訴えることができる ・深い理解と共感を生み出せる ・一過性が高い	・いつでも立ち戻れる ・深い理解を促せる ・行動にはすぐにはつながらない ・見てくれないことがある	・多くの社員に伝えることができる ・想いを伝えやすい ・聞き流されてしまうことがある
効果の度合い 認知	●	◑	○	●	◔	◑	◔	●
↓ 理解	◔	○	◕	○	◔	◕	◕	◔
↓ 共感	◑	○	◔	○	○	●	◑	◔
↓ 行動	◑	◑	●	◕	◑	◑	◔	◔
↓ 定着	◔	●	◑	◔	◑	○	◔	○
↓ 相互理解	◕	○	◑	○	◕	◔	◑	○

03 組織は「SECIモデル」に沿って成長する

新たな行動を「組織文化」として定着させるには

すでに夜の9時を回ろうとしていた。しかし、灰出も今居も時間を忘れて、サッカー部時代の話で盛り上がっていた。

「完人、お前は本当にしょうもないミスばかりをする選手だったな。決めるべきシーンで何回シュートを外したことか」

灰出は、笑いながら言った。

「そんなこと言わないでくださいよ。それでも試合で使い続けてくれたのは、先生じゃないですか」

「そうだな。お前は、日本人には珍しく、失敗を恐れず積極的に勝負を仕掛ける選手だったからな。何だかんだ言って、局面を打開するのはいつもお前だった」

「え、めちゃくちゃ嬉しいこと言ってくれますね！　現役の時、そんなに褒めてくれたこと、なかったじゃないですか！　いや〜、これで明日からも頑張れちゃう！」

今居はだいぶ酔って、陽気になっていた。

「ただ、はっきり言って、戦術の理解度は低かったがな。俺は、それには目をつぶっていた。ポジションがフォワードだし、あんまり型にはまらなくてもよいと考えていたんだ。しかし、お前が大企業に入社すると聞いた時は、心配になったぞ。大手では、戦略・戦術を無視して動く人間は扱いづらいからな」

「ああ……確かに、今の僕の上司は僕のことを扱いづらいと思っているかもしれません。よく口答えもしますし……」

「しかし、今の時代、重要なんだよ。そうやって失敗を恐れずに、がむしゃらに動けて、口答えするやつがな」

「そうなんですか？

でも、先ほどは、企業の方針ともなるメッセージを浸透させることについて、熱心にお話しされてたじゃないですか。あの話を聞いて、僕ももっと会社の発信しているメッセージの真意をしっかりくみ取って動いていこう、って思ったんですよ」

「会社の経営メッセージをしっかり理解し、共感して動くのはとてもいいことだ。しかし、ある程度したら、自分なりに気が付いたことや直観を信じて動くことも大切だ。

また、もっと大切なのは、その気づきや直観を言語化して、組織にフィードバックすることだ」

「うん？　そうなのですか？

これまでの話から、てっきりインナーブランディングというのは、経営メッセージを力強い言葉にして（STEP1）、それを浸透させて企業風土にまで落とし込んでいくこと（STEP2）だと思っていたのですが。

あれ、STEP3、ありましたね」

再び紙（100ページの図表10）を取り出した今居は、言葉を続けた。

「あ、大切なことを聞き忘れていました。STEP3の相互理解というものについて、まだ、お話を聞いてなかったですね」

「そうか、まだ話してなかったな。俺が今言ったのは、ここのことだよ。もう一つ、浸透度合いのレベルの図があっただろう？　あれも出してくれ」

灰出はそう言って、再び手をチョイチョイさせた。その仕草に、今居はまたフフッと微笑みながら、もう一つの紙（131ページの図表16）も取り出した。

「ああ、描いてありましたね。このレベル3と、インナーブランディングのSTEP3が対応しているということですか？」

「その通りだ。ここがちゃんと実施されないと、組織としての成長はない」

「ふ〜む、行動、定着。そうですよね。いくら経営メッセージに共感したからって、動かないと……。その後の、相互理解って何ですか？」

「相互理解とは、つまり、ナレッジマネジメントだ。暗黙知の形式知化が行われて、組織は次の階段を上る」

「いや、また専門用語で、わかりづらいですね……」

今居ははっきりと言った。こうやって言えば、灰出がムキになってわかりやすく説明してくれることを、今居はすでに心得ていた。

灰出は、少し伸びた無精ひげに手をやって、ジョリジョリとさせながら考え始めた。

「お前、SECI《セキ》モデルは知ってるか？　一応、MBA[※1]を学んでいれば通る道なんだが……」

「セキモデル？」

美味しいんですか、それ？　というような口調で、今居は答えた。

［図表19］ SECIモデル

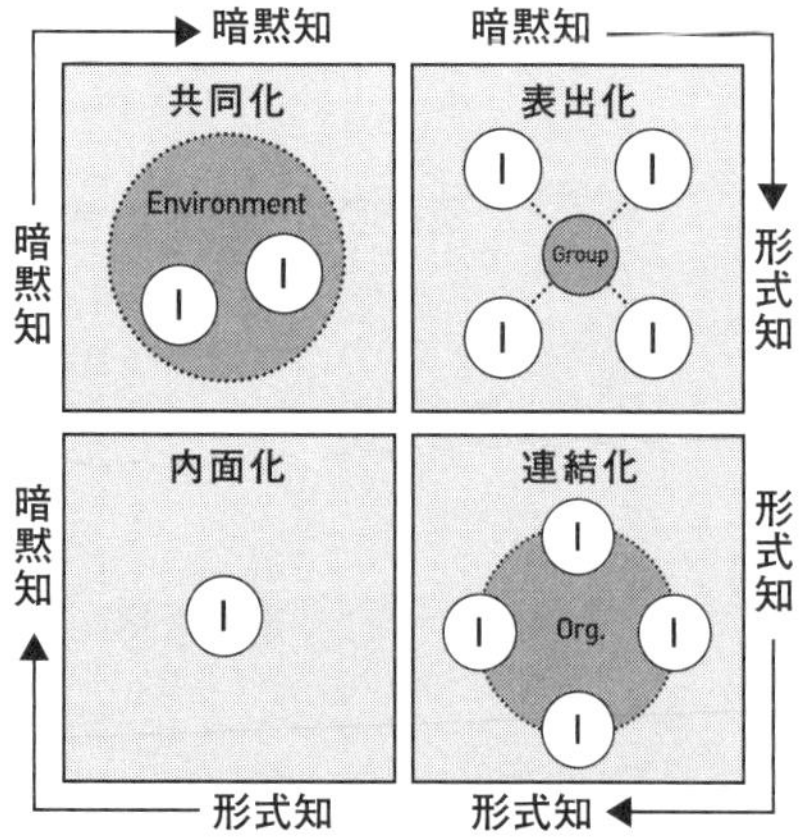

「知らないか……。わかった、またスポーツで例えることにしよう。しかし、これは難しいな」

そう言って灰出はまた図が描かれた紙を取り出した（図表19）。

「これがSECIモデルだ。見たことはないか？」

「あ、見たことはあります。研修で知ったのかな。確か日本人がつくった理論ではなかったですか？」

「そうだ！ やはり企業内の研修でもちゃんと取り上げられているのだな。安心した。

これは、一橋大学大学院の野中郁次郎教授らが示したナレッジマネジメントの基礎理論として知られるフレームなんだ」

「いや、内容は全然覚えてないですけど……」

安心して喜ぶ灰出を尻目に、今居はつぶやいた。

「わかった、わかった。スポーツで言うと、そうだな……、フィリップ・トルシエさんがサッカー日本代表の監督だった時の話をしよう。トルシエさんの時の陣形戦術は何だったか覚えているか？」

「はい、もちろん覚えてますよ。フラット3ですよね」

「そうだ。フラット3だ。最終ラインに3人のディフェンダーを水平に配置する戦術で、『オフサイドトラップ[※2]を積極的に仕掛ける』『ゾーンディフェンス[※3]をする』『スイーパー[※4]を置かない』などが特徴の戦術だ。トルシエ監督はそれ以外にも、ディフェンスラインの上げ下げに関する約束事、ボールの位置に応じた体の向き、バックステップの踏み方などを事細かに決めていて、これまでにない緻密《ちみつ》な戦術を日本代表に植え付けようとした」

「はい。相当厳しかったと、有名ですよね」

「ああ。その結果として、サッカー日本代表にワールドカップ初勝利をもたらし、予選突破とベスト16という功績を残した。

ただ、俺は、トルシエ監督の厳しさや戦略などだけで、この偉業を成し遂げたのではないと思っている。お前は、なぜここまでの結果を残せたと思う？」

「え、何だろう……。フラット3以外で、ですか？　ああ、そこにさっきのセキモデルが絡むんですね」

「そうだ。これは、結構有名な逸話だ。

ワールドカップ初戦のベルギー戦で2－2で引き分けたのだが、その後、宿舎で守備陣で話し合いが行われたんだ。当時、フラット3の右に位置していた松田直樹さんが口火を切って、こんなことを言ったらしい。『フラット3の理想ばかり追っていたら勝てない。

ライン下げよう』と。これに他のメンバーも賛同して、トルシエ監督の立てた戦略にアレンジを加えるような戦い方を選択したのだそうだ。

このエピソードは、まさに、ＳＥＣＩモデル的な暗黙知の形式知化が行われた瞬間だった」

「アンモクチ？」

「この図を見ろ、『暗黙知』だ。ＳＥＣＩモデルとはつまり、組織の決まりごとに対する新しい気づきを得た個人が、その気づきを組織にフィードバックして、新たな決まりごとをつくることだ。それによって、組織はレベルアップする」

「ああ、なるほど。松田直樹さんの発言によって、チームの中で厳格に守ってきたルールが変わったんですね」

「そうだ。そのチームのルールこそが『形式知』だ。その『形式知』が変わった、というより、進化した、という方が正しいかな。

組織には多かれ少なかれ言語化されたルールがあり、組織に属する人はそのルールの中にいる。そのルールに従って動いていると、必ずと言っていいほど、個人の中に気づき、つまり、『暗黙知』が蓄積される。その『暗黙知』を組織内で共有できるようにする、つまり、組織にフィードバックすると、それは新たな『形式知』になる。そうやって、組織は成長していくんだ」

「あ、もしかすると、それがつまり、インナーブランディングの3ステップの図で言うところの、STEP3からSTEP1に戻るということなんでしょうか？」

そう言って、今居は再び紙（100ページの図表10）を広げた。

「そうだ！　その通りだ。この図は平面なので伝わりづらいが、STEP1、STEP2、STEP3は同じところをグルグル回るのではない。STEP3からSTEP1に行く時、それは新たな言葉が生まれる瞬間であり、組織が新たな姿になった瞬間でもあるんだよ！」

灰出は嬉しそうに語った。そして、続けた。

「完人、さっき言っただろう。『失敗を恐れずに、がむしゃらに動けて、口答えする』と。

それはな、SECIモデルで言うところの『共同化』にあたる。日本の組織で働くサラリーマンには、空気を読んで発言しないような人間や、批評ばかりして結局動かない人間が多い。しかし実は、それだと世渡りはできるかもしれないが、組織の成長にはつながらない。組織の成長に貢献する人間っていうのは、戦略・戦術に従って動いてみて、気づいたことや感じたことをどんどん伝えていくやつだ。

完人、お前はそういうことが自然とできている。だから、褒めたんだよ」

「そういうことだったんですね」

※1　経営学の大学院修士課程を修了すると授与される学位。
※2　守備側の選手が連携して動くことで、攻撃側の選手をオフサイドに陥れる戦術。オフサイドは、攻撃側の最前線の選手にパスが出た時に、パスを受ける選手がゴールキーパーと1対1の状態になる位置にいることを意味し、反則となる。
※3　守備の際に各選手が担当する地域（範囲）を決めて守る戦術。
※4　一般的には「掃除機」を表す言葉で、守備の最後の砦となるサッカー選手を指す。

解説

組織の成長のカギを握る「共同化」と「表出化」

灰山が説明したSECIモデル（149ページの図表19）は、今ではナレッジマネジメントの基礎理論として知られ、ともに一橋大学名誉教授である野中郁次郎先生と竹内弘高先生によって提唱されました。1990年代に提唱されてから、すでに20年以上が経ちますが、その内容は色あせず、組織変革の本質を突いていると、私は感じています。

SECIモデルを活用する上では、「内面化」によって得られた暗黙知を「共同化」「表出化」するように促すことが重要です。例えば、次のような取り組みです。

○**「共同化」**……普段思っていることをぶつけ合う合宿・議論の場、朝礼などで理念に沿った活動を紹介する時間、など

○**「表出化」**……表彰式で優秀な取り組みを紹介する時間、ロールモデル（模範となる行動や考え方）を紹介する映像・冊子、など

［図表20］　ナレッジマネジメントの偏差値評価の画面

（例:LIXILの知多工場）

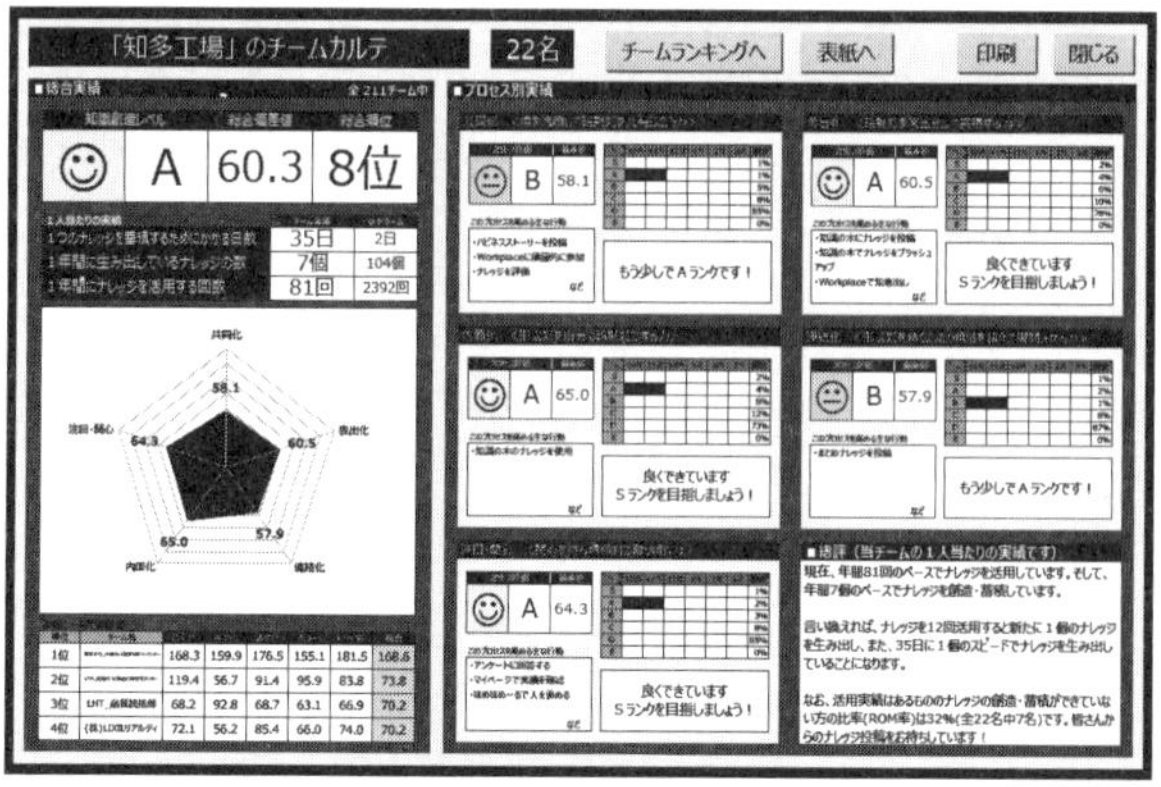

それぞれのプロセスに対応する取り組みを定期的に実施している企業は数多くあります。例えば、本田技研工業の「ワイガヤ合宿」や京セラの「コンパ」と呼ばれる取り組みが非常に有名です。それらはまさに、社員に「共同化」と「表出化」を促す仕組みであると、私は捉えています。

また、ITシステムを活用した先進的な取り組みを試みている企業の一つに、LIXIL《リクシル》があります。同社では例えば、個人の気づきや知識を投稿したり、アンケートに答えた人にポイントを付与したりして、社員がナレッジマネジメントに楽しく関われる仕組みを整えています（図表20）。社員の行動をデータ化し、企業経営に活かすという考え方は、世界中で広がっており、そうした分野で数多くのベンチャー企業が生まれています。ＬＩＸＩＬはまさにその先端を行く取り組みをしている企業の一つです。

04 モノマネのインナーブランディングは必ず失敗する

エンゲージメントが注目されるようになった理由

すっかり夜も更けて、店内も徐々に人が少なくなってきていた。

「灰出先生、もうだいぶ遅い時間になりましたね。お茶、頼みますか？」

「ああ、そうだな。お茶を頼む」

灰出のこの言葉を受けて、今居は手を挙げて、店員を呼ぼうと振り返った。その背中に向けて、灰出がぽつりと言った。

「完人、エンゲージメントは今、大流行している。俺もここまでになるとは思っていなかった」

「流行なんですか？　エンゲージメントは」

振り返った今居が答えた。

「ああ、そうだ。エンゲージメントという概念自体が出てきてから、もう10年以上になるが、注目され始めたのはここ数年の話だ」

「へえ。どういう変遷で流行るようになったのですか？」

「海外で発表されたある論文が、エンゲージメントが注目され始めるきっかけになった。最初は1990年のアメリカ・ボストン大学のカーン教授の研究だった。その後、オランダ・ユトレヒト大学のショーフェリ教授らが2004年の論文で、仕事に関連する『ワーク・エンゲージメント』の定義を打ち立てた。組織に関連する『従業員エンゲージメント』は、2007年に発表された調査などをきっかけに広く認知されるようになった」

「結構前の話ですね」

「かつては、社員にアンケート調査をしてデータを見た上で経営判断をする、というのは、『従業員満足度調査』が主流だった。従業員の満足度が上がれば、業績も上がると。そう信じられて、広く世界中に普及した。しかし、いくら調査しても、従業員の満足度が企業業績の向上につながっているという科学的な検証結果がなかなか得られなかった。そこで今度は、『従業員エンゲージメント』を指標として調査したところ、企業業績向上との直接的な相関関係が相次いで見出されたんだ。それが、エンゲージメントが急激に広まった背景だ」

「へえ……見てみたいですね。その調査データ」

「しかしな……、データはあくまでデータだ。そういう傾向があるということは言えるが、エンゲージメントさえ上がれば、経営は絶対にうまくいくということには、当然ながらない。例えばな、日本一エンゲージメントが高い高校サッカー部が優勝できるとは限らんのと一緒だ」

「そりゃそうですよね」

「俺はエンゲージメントとインナーブランディングの専門家だが、企業経営にいくら口出しをしたところで、俺一人の知識や経験で導いてやれるほど、経営は簡単じゃない。その限界も感じて、いったんはコンサルタントを退いた」

「そうおっしゃってましたね。今はベンチャー企業の商品開発のサポートをしてらっしゃるんですよね」

「そうだ。しかし、それもまた難しくてなあ」

灰出は、そう言って腕を組んだ。苦しんでそうでもあり、楽しそうでもあるような顔で、灰出は微笑んだ。

今居は、先生もまだがむしゃらに挑戦してらっしゃるんだな、と感じた。

「あ、そうだ、先生。インナーブランディングの3ステップの図なんですけど」

今居は、もう一度、紙（100ページの図表10）を取り出した。

「これ、真ん中にSTEP0としてサーベイがあるじゃないですか。これって、どういうことなんですか？　ステップ〝ゼロ〟ってどういうことなのかなって」

「ああ、これか。ステップ〝ゼロ〟としている理由は簡単で、組織の変革はエンゲージメントサーベイがあってもなくても実行可能だからだよ」

「そうなんですか？　サーベイはエンゲージメントを計測するツールなので必須だと思っていました」

「データはあってもなくても、言葉はつくれるし、浸透もするし、社員同士が相互理解し合うこともできる。ただ、導入のメリットはある。意思決定のスピードが速くなることだよ。サーベイなどの客観的なデータがあると、個人の主観的判断が減って、組織の意思決定がスムーズに進む。拠点・部署が多岐にわたる大手企業であればあるほど、現場の声は経営陣に届かないものだからな」

「そういうことなんですね……。うちの会社は入れているんですよ、エンゲージメントサーベイ」

「なんだ、導入していたのか」

「僕はそのデータを経営企画室の同期の出川ってやつに見せてもらって、SOZAIの課題を分析し、社長へのプレゼンの内容を仕上げようと思っているんです」

「それはよいことだな。データがあれば客観性が増して、話す内容が説得力を帯びる。しかし、データに振り回されるなよ。大切なのは、現場でもがいている社員の心の叫びをしっかり掴んで、善き方に導いてあげることだ」

「社員の心の叫びを、掴む、ですか？」

最初のターゲットは「アーリーアダプター」に絞る

「そうだ、せっかくなので、最後に一番参考になるものを渡そう」

そう言って灰出がバッグから資料を取り出した。それは『インナーブランディング事例集』というタイトルの資料であった。今居は資料を手に取り、読んだ。そこには、様々な企業のインナーブランディングにおける取り組み事例が書いてあった。

「これ、めちゃくちゃすごい資料ですね……。すごい参考になるじゃないですか！」

「ああ。俺がこれまで関わった組織の中で、特にエッジの立った取り組みがまとめてある」

「これがあれば、簡単にプランが立てられますね！」

今居は興奮していた。これで社長に素晴らしいプレゼンができる、と。

「ところがな、さっきも言ったが、そんな簡単なことじゃないんだよ、組織を変革するっていうのは。他企業でやっている取り組みをそのまま取り入れても、なかなかその組織には馴染まない。同じ効果も得られない」

「え、どうしてです？　他企業でうまくいっているのに、どうして？」

「色々と理由は考えられるんだが、うまくいかない一番の理由は『社員の空気を読めてない』施策になってしまうってことだな。他企業がやっていることに飛びついて、社員に刺さるかどうかの考えもなしに、そのまま実施してしまうと、社員が白けてしまうことが多々ある」

「ありそうですね」

「インナー向けの施策は、たくさん積み上げでやっていけばいいってもんでもない。昔、担当した企業で、インナー向けの施策が多すぎる企業があった。実際、現場はどう感じているのだろうと、社員さんに聞いてみると、『社内向けにやることが多すぎて、本業をする時間がほとんどありません。最近は、会社から発信されるメールは迷惑メールのフォルダに入れるようにしています』と返ってきた。そんな風になってしまっては、大切な時に舵を切るのが難しくなってしまう」

「なるほど、それは何となくわかる気がしますね」

「空気を読むってのは、すごく大事なんだよ。まあ、社員の空気ばかり読んでいれば経営がうまくいくというわけでもないのだが、メッセージの伝え方、巻き込み方、一つ一つに細心の注意を払わないと、せっかく準備してきたことがすべてパーになってしまうこともある」

「そこで大事になるのが、社員の心の叫びを掴む、ということなんですね」

「そうだ」

「しかし、先生。うちの会社も社員が800人ほどいます。部署や拠点、世代や役職などによっても、社員の声は結構違います。あれもこれもチャレンジしようと前向きなやつもいれば、そうじゃないやつもいる。みんなの空気を読むっていうのも、すごく難しいような気がするんですが……」

「そうだな。みんなに受け入れられようとすると大抵、施策はマイルドになりすぎて、刺さらないものになってしまいがちだ。だから、ターゲットとなる層は決めなくてはならない」

「どうやって決めるんですか？」

「ターゲットを誰にするのかっていうのは、すごく難しい。ここは、俺もコンサルタント時代にいつも頭を悩ませていたのだが、参考になる考え方はある。イノベーター理論だ」

「イノベーター理論……ああ、これは有名な理論ですよね」

「まあ、これは、SECIモデルほどは難しくない」

［図表21］ イノベーター理論

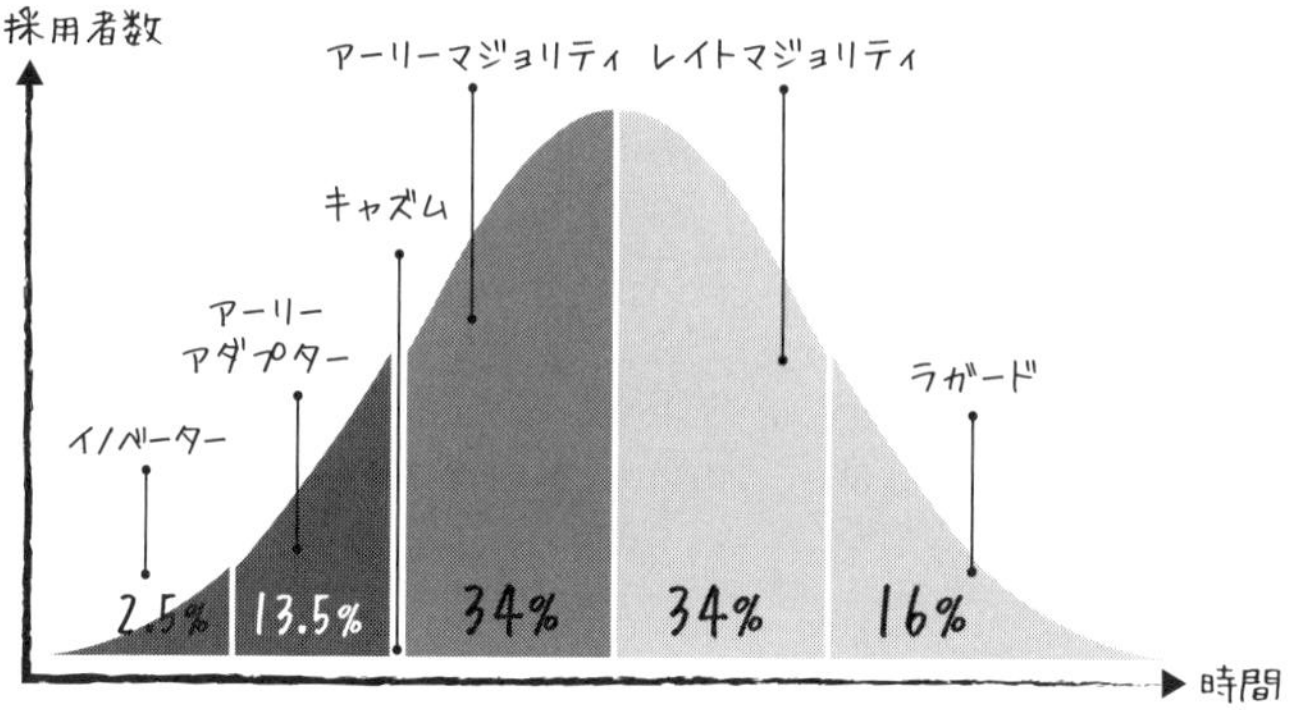

そう言って、灰出はペンを取り『インナーブランディング事例集』の資料の裏に図を描きだした（図表21）。

「これは、新しい発想や技術をもとに登場した商品やサービスなどの市場普及に関する理論だ。1962年、アメリカのスタンフォード大学の社会学者であったエベレット・M・ロジャーズ教授が『イノベーション普及学』という著書の中で提唱した。『普及率16％の理論』とも呼ばれている」

「元々、インナーブランディングの理論ではないのですよね？」

今居は尋ねた。

「ああ、インナーブランディングの理論ではない。俺が勝手にインナーの世界でも使えると思い、活用させてもらっているだけだ。

イノベーター理論では、革新的な新商品を受容する消費者層をその受け入れる順番の早いものから『イノベーター（革新者）』『アーリーアダプター（初期採用者）』『アーリーマジョリティ（前期追随者）』『レイトマジョリティ（後期追随者）』『ラガート（遅滞者）』の5つに分類している。この中で大事になってくるのが、『イノベーター』と『アーリーアダプター』だ」

「先生、相変わらず、激ムズ解説なのですが……」

「まあ、わかりやすく言うと、何か新しいことが始まったら、最初は全体の数%しか、それに興味を示さないが、興味を示して採用する層が16%を超えると、途端に全体に波及する、ということだよ」

「ふうむ。でも、組織の中で誰がイノベーターで、誰がアーリーアダプターかって定義するのも難しくないですか？」

「それは難しい。ただ、この理論を用いて俺が言いたいのは、新しいことを何かやろうって時、聞く耳を全く持たない人間っていうのは必ずと言っていいほどいる。批評や文句を繰り返す人間だ。そういう人たちのことはすごく気になってしまうのだが、そういう人はイノベーター理論でいう『ラガード』だ。テコでも動かないよ。ターゲットにしても仕方がない。

それより、ターゲットにすべきなのは『アーリーアダプター』であるということなんだ」

「ああ、なるほど。すでに何かやり始めている人の動きを見て、自分もやってみようかな、という人もいますよね。そういう人の背中を押すことが大事というわけですね。そういう風に捉えると、イメージしやすいなあ。うちの会社の中で、どういう社員がアーリーアダプターか、何人かの名前が浮かんできてます」

変革の道筋を描き出す「エンプロイージャーニーマップ」

「あと、最後にもう一つ、施策の設計方法について伝授したいことがある」

そう言って、灰出はバッグからまた一つ資料を取り出した（図表22）。

「エンプロイージャーニーマップ、だ」

「これは……、インナーブランディングの設計図、みたいなものですか？」

灰出は自慢げに語り始めた。

「そう。これは『カスタマージャーニー』というマーケティングのフレームワークを、インナー向けにカスタマイズしたものだ。『エンプロイージャーニー』と名付けた。

この図の中にある『インサイト』というのは、要は社員の心の声のことだ。組織の中におけるターゲットが決まった後、そのターゲットの現在のインサイトが掴めたら、そのインサイトがどうやって変化していくといいか、書き出してみるんだよ。人間、いきなり理想の心理状態に一気に変化するということはあり得ない。心の持ちよう、気の持ちようってのは、徐々に変わっていき、どこかでガラッと変化する。そこまでの道筋を描くために、このエンプロイージャーニーを活用する」

[図表22]　エンプロイージャーニーマップの例

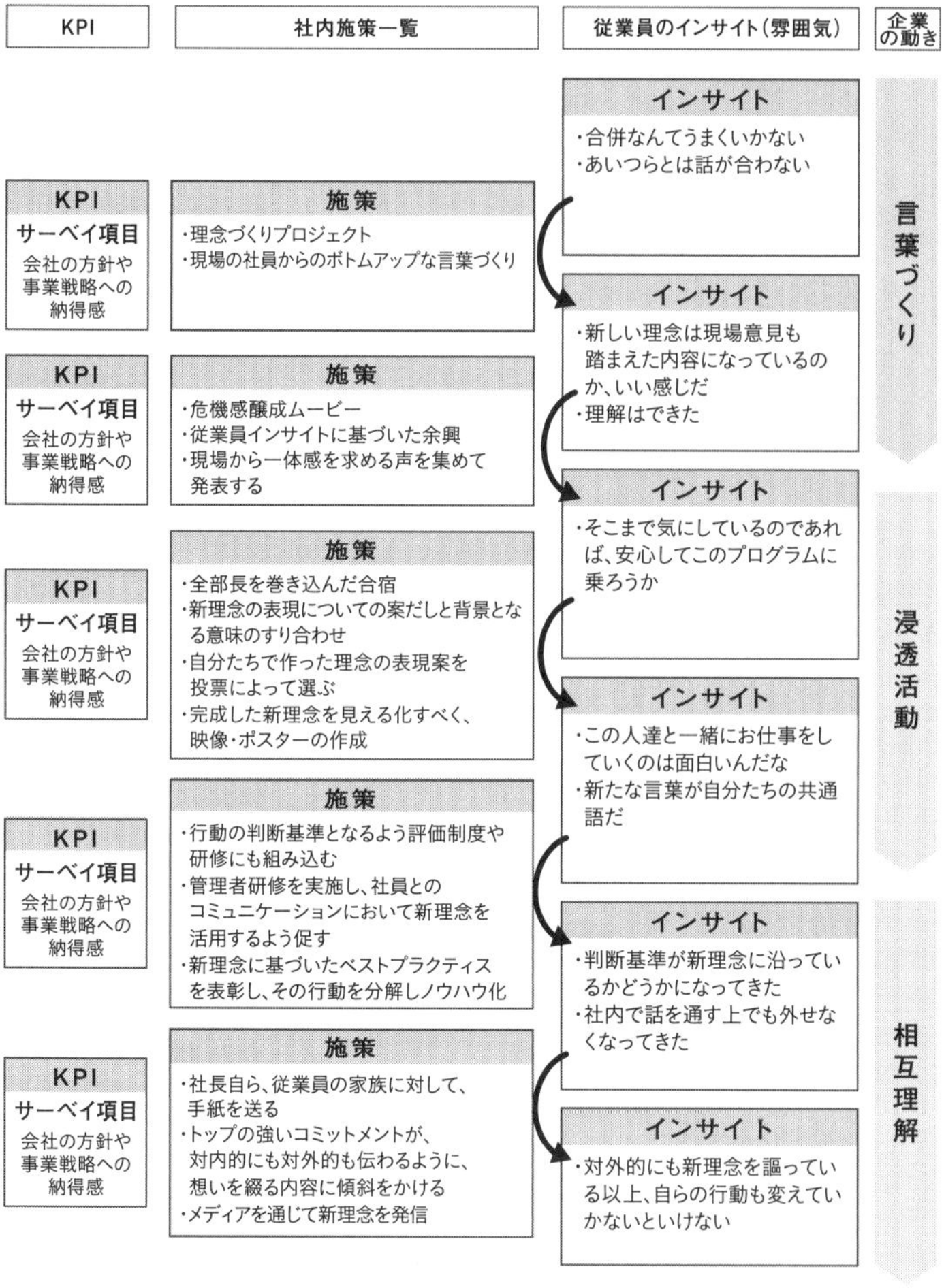
KPI
社内施策一覧
従業員のインサイト（雰囲気）
企業の動き
インサイト
・合併なんてうまくいかない
・あいつらとは話が合わない
言葉づくり
KPI
サーベイ項目
会社の方針や事業戦略への納得感
施策
・理念づくりプロジェクト
・現場の社員からのボトムアップな言葉づくり
インサイト
・新しい理念は現場意見も踏まえた内容になっているのか、いい感じだ
・理解はできた
KPI
サーベイ項目
会社の方針や事業戦略への納得感
施策
・危機感醸成ムービー
・従業員インサイトに基づいた余興
・現場から一体感を求める声を集めて発表する
インサイト
・そこまで気にしているのであれば、安心してこのプログラムに乗ろうか
浸透活動
KPI
サーベイ項目
会社の方針や事業戦略への納得感
施策
・全部長を巻き込んだ合宿
・新理念の表現についての案だしと背景となる意味のすり合わせ
・自分たちで作った理念の表現案を投票によって選ぶ
・完成した新理念を見える化すべく、映像・ポスターの作成
インサイト
・この人達と一緒にお仕事をしていくのは面白いんだな
・新たな言葉が自分たちの共通語だ
KPI
サーベイ項目
会社の方針や事業戦略への納得感
施策
・行動の判断基準となるよう評価制度や研修にも組み込む
・管理者研修を実施し、社員とのコミュニケーションにおいて新理念を活用するよう促す
・新理念に基づいたベストプラクティスを表彰し、その行動を分解しノウハウ化
インサイト
・判断基準が新理念に沿っているかどうかになってきた
・社内で話を通す上でも外せなくなってきた
相互理解
KPI
サーベイ項目
会社の方針や事業戦略への納得感
施策
・社長自ら、従業員の家族に対して、手紙を送る
・トップの強いコミットメントが、対内的にも対外的も伝わるように、想いを綴る内容に傾斜をかける
・メディアを通じて新理念を発信
インサイト
・対外的にも新理念を謳っている以上、自らの行動も変えていかないといけない

「ああ、なるほど、右列のここのことですね」

「そう。右列のこの心理状態の変化を『こうなったらいいな』『こうなっていきそうだな』という妄想で構わないので埋めていき、そうするためにはどうしたらよいか？と考えて、その実現のために、オンライン、オフラインで施策を考えていくんだ」

「オンライン、オフラインって何ですか？」

「オンライン、オフラインは、ネット上のゲームの世界と一緒だよ。オンラインゲームをやっている人たちが、時々オフ会とか言って集まるだろう。それと一緒だ。オンラインがデジタル上での対話、オフラインが対面で会う場のことと思ってくれ」

「おお～、なるほど。イメージがつきました」

「そうだ。大切なのは、このターゲットのインサイトを掴み続けることだ。そのために、エンゲージメントサーベイは非常に有効になる。

　エンゲージメントサーベイには、アンケートの他に、フリーコメントを投稿できる機能がついているはずだ。定量データで大きく全体の傾向を掴み、組織状態に仮説を持った上で、フリーコメントを読むと、組織のおおよその雰囲気というか、社員のインサイトに近づくことができる。

　そういう定性データもしっかり見ながら施策を設計し、効果を計測していくことがとても大切だ。実際に動き出してみると、当初想定したエンプロイージャーニー通りにいかないこともあるが、そうしたらまた修正すればいい。それをしつこく繰り返すことによって、段々と会社の雰囲気が変わっていく」

「先生！　なんだか、すごく見えてきた気がします。今日は本当にたくさんの武器を与えていただきました。ありがとうございます」

「熱心に聞いてくれるので、俺も楽しくなってしまい、話しすぎた。完人、応援しているぞ。結局、どんな優れたコンサルタントがいたところで、組織の変革をリードするのはやはりお前のような現場のリーダーなんだ。まずは社長へのプレゼン、心から応援している」

「本当にありがとうございます！」

灰出と今居は店を出た。外は強い春風が吹いていた。季節が変わろうとしている。今居は風に背中を押されながら、家路を急いだ。

解説

インナーブランディングに欠かせない最も大切なこと

ここまでの灰出と今居の居酒屋での対話によって、ようやくインナーブランディングの全体像を解説することができました。

インナーブランディングのSTEP0のデータの活用法については、灰出が触れた通り、あってもなくてもインナーブランディングの打ち手を考え、実施することは可能です。しかし、組織の規模が大きくなり複雑化してくると、どうしても意見の食い違いが起きてしまい、意思決定に時間を要するようになってしまいます。そういう時、定量と定性のデータの存在が意思決定の説得材料になるのです。

実は、インナーブランディングの施策を考える上でターゲットのインサイトを掴むことが大事、ということには、グループウェアなどを手掛ける会社「サイボウズ」の感動課の課長・福西隆宏さんのお話を聞いたことがきっかけになり、気づきました。

サイボウズは人材の流動が激しいIT業界の会社です。15年ほど前には年間離職率が28%だったと言います。しかし、人事制度の大幅な見直しを図るなどしてからは、年間離職率が4％へと下がり、今もその値を維持しています。

そして、それを支えているのが、福西さんです。ある時、福西さんに「社員向けに何か施策を考える時に、一番何を考えて計画を立てていますか？」と質問したところ、次のような回答が返ってきました。

「いや、複雑なことは考えてないですよ。ただ、ひたすら毎日、みんなの日報に目を通して、みんなの顔を思い浮かべて、今どんな気持ちかな〜とか、どうしたらみんながもっと楽しく仕事ができるかな〜とか。考えているのは、そんなことですよ。年間プランとか、そりゃある程度は決まったものもあるので、それで動いてますけど、その時その時で社員の様子を見て、不安そうであれば安心させる施策を考えるし、すでに盛り上がっているのであれば、もっと盛り上げることはできないか、とか、そんな感じですよ」と。

私はてっきり、福西さんがサーベイなどを活用し、数値データを見ながらKPIを立てて施策を考えているのだと思い込んでいましたので、この回答に驚いたことを覚えています。しかし、非常に本質的だな、とも思いました。

もちろん、福西さんは、日報を読んでいるだけでなく、会社の経営陣ともこまめにコミュニケーションを取り、サーベイのデータにも一通り目を通すというようなことはおっしゃっていました。しかし、最も大事なのは「何か企画を実施する」ことではなく、「その後に、どんな雰囲気になってほしいかまで考えて導くこと」だ、と福西さんはおっしゃいました。

私がエンプロイージャーニーにたどり着いたのは、この福西さんの言葉を受けてのことです。大変感謝しています。

第4章

「インナーブランディングの担い手」は誰か？

インナーブランディングに関する仮説を検証する

灰出《はいで》と飲みに行った翌日の出社中の電車の中で、今居《いまい》は灰出の話していた内容をスマートフォンのメモに書き出した。

組織変革（インナーブランディング）の3ステップ

1. 言葉づくり

■会社の未来を担う経営陣、中核人材を巻き込まなくてはならない

■力強い言葉でなくてはならない

2. 共感を促す浸透施策

■認知と理解にとどまらない共感を促すことが重要

■ファンクショナルな施策とエモーショナルな施策を組み合わせる

3. 相互理解によって暗黙知を形式知に

■戦略・戦術を実践しようと動き回ることが、まずは大事

■動いてみて得られた気づきを組織にフィードバックすることで、組織は成長する

※0．データはインサイトを掴むために活用する

■ターゲットは組織内におけるアーリーアダプター

■ターゲットの心の声を掴むためにデータを活用せよ

今居の頭はすっきりしていた。次にやるべきことは、社内でターゲットになる人たちのインサイトを掴むことだ。今居は再び出川《でがわ》に連絡をした。エンゲージメントサーベイの現在のデータと、フリーコメントに集まっている社員の声を見せてもらうために。

数日後、今居は、以前に出川と話をした喫茶店にいた。春らしく気持ちのよい天気の日だった。入り口の扉が開き、カランカランという鈴の音を鳴り響かせながら、出川が入ってきた。

「よう、おつかれ」

出川が今居を見つけて、席に座った。

「おう。また、ありがとうな」

「別にいいよ、昼飯時くらい」

「メシ、頼んどいたぞ、ナポリタン」

今居は、出川から、もうそろそろ会社出るのでナポリタンを頼んでおいてくれ、と頼まれていた。

「サンキュー。で、今日は何だ、前の話の続きか」

「そうだ。今度、社長に直談判でプレゼンをしにいこうと思っててな。こんな資料をつくってるところだ」

そう言って、今居はＡ４サイズの資料を４枚取り出した。出川はその資料を手に取り、じっと読み始めた。

「この資料、よくできているな。ちょっとロジックが綺麗《きれい》につながっていないところもあるが。で、これを見せて俺にどうしろと」

「また、エンゲージメントサーベイ、見せてくれないか。仮説をデータで検証したいんだ」

「ああ、いいぞ。前も言ったかもしれないが、自分の部署の部長に頼めば見せてくれるんだけどな」

「こんな提案を社長にしようとしていることが知れたら、うちの部長は何を言い出すかわからん。これまでに一度も、部員に見せてこなかったんだ。頼んでも見せてくれない可能性もある」

今居のこのセリフを聞いて、出川も「フッ」と半笑いになった。

「確かにそうかもしれないな……」と言いながら、出川がタブレットを取り出した。

「どんな仮説を検証したいんだ？」

「検証したい仮説は3つだ。資料に書いてある」

今居は自分の取り出した資料を指さした。

ターゲット　30代前半から後半の係長、課長代理クラス

仮説1　新規事業に挑戦したいが、挑戦を許容してくれる文化がなく縮こまっている

仮説2　事業の戦略・戦術など、方針に対する納得感がない

仮説3　未来のキャリアが見えてしまい、仕事への期待感が薄れ、そこそこでいいやと思っている

「ターゲットは俺らより少し下の世代か。この仮説、っていうのは、そのターゲットの本音みたいなことだな。ああ、この内容なら立証できるかもな」と言って、出川はタブレットを操作し始めた。

「ほら、ここだろう。見てみろ。多分、仮説2が合っているんじゃないか」

［図表23］ 今居の仮説2を検証できるデータ

（会社の方針や事業戦略への納得感）

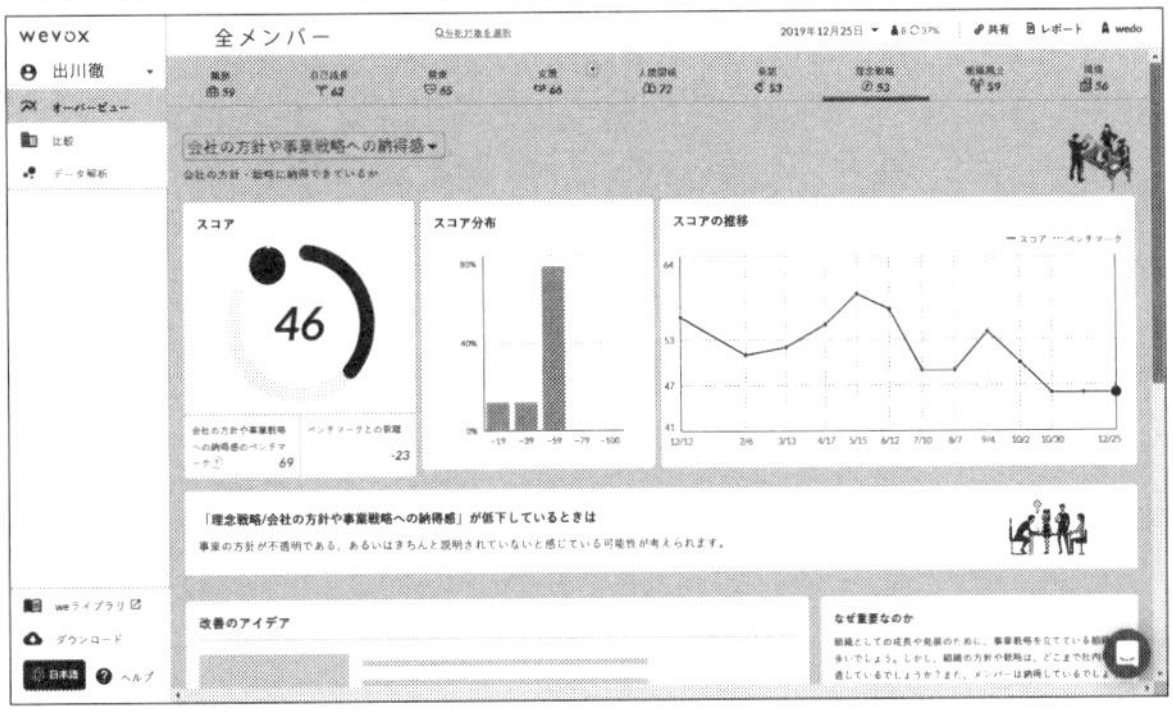

出川が画面（図表23）を今居に見せた。

「左のベンチマークというのは、このエンゲージメントサーベイを導入しているすべての会社のデータの平均値を指している」

「本当だ……、ベンチマークとの乖離《かいり》もマイナス23になっていて相対的に低いし、全体的に下がっている印象もあるな」

「ああ、さらにフリーコメント欄には、こんなコメントもあるぞ。『今のままでうまくいくと感じられない。経営陣は新規事業に大きな路線転換をしなくてはならないのでは』。ターゲットとなる層の発言かはわからないがな。完人《かんと》、お前も昔こんな発言をしていたよな。同じ気持ちなんじゃないか」

「そうかもしれんな。よくわかったよ、ありがとう！　それでもう一つ知りたいのだが、今、会社全体で取り組んでいる施策は、こんな内容で大丈夫か？」

そう言って、今居は資料をめくった。今居は、全社で行われている施策をエンプロイージャーニーにまとめてきていた。

「ああ、相違ないよ。だいぶ細かくまとめたな」

出川は、今居のつくった資料をじっと見ていった。

「よかった。あとはこれを埋めるだけだ」

今居はそうつぶやいた。

「やけに熱心になっているな。どうしたんだよ、突然。何かあったのか」

出川は、資料を見つめる今居の顔をチラッと見て、こう言った。

「え？　いや何かあったわけじゃないけどな」

「そうか？　開発営業でバリバリやっていた時に、お前はそんな顔をしてなかったけどな。やる気に満ち溢《あふ》れているじゃないか」

そう言われて、今居は、確かに自分の中から溢れ出てきているやる気に気が付いた。今居は、灰出と話してからの数日間、ワクワクしっぱなしの状態だった。このエンプロイージャーニーをまとめることだけでなく、普段の開発営業部隊の業務にも精が出ていた。

「いや〜、何だろうな。うまく言えんが……。チャンスだと思っているのかな」

今居はそう言ったものの、自分の言葉がしっくりきていなかった。

「そういうことか？　まあ、確かに、こういう提案を社内に行うということ自体が、お前の立場を引き上げるきっかけになるかもしれないしな。二一《にいち》社長に提案するのは、いつだ？」

「ちょうど1週間後、来週の今日だ。新規事業開発チームの定例会があって、その終了後に話しかける」

「そうか、頑張れよ」

出川は、珍しくそう言った。頑張れとか、そういう情熱的なセリフは、これまで一切言わなかった人間だ。

「おう、ありがとう」

いつもと違う出川の優しさに触れ、より一層の気合を入れる今居だった。

新規事業を成功させるために欠かせないもの

そして、時はあっという間に過ぎ、新規事業開発チームの定例会の日がやってきた。

今居は、妻と娘と朝食を食べながら、両方の手のひらをグーパーとさせて、緊張をほどいていた。その日は、朝からパラパラと雨が降っており、少し肌寒かった。

昨晩、今居はなかなか寝付けなかった。準備はすでに整っていたし、社長に説明する際のト書きまで用意していたのだが、不安な気持ちがぬぐえなかった。以前は、二一によく飲みに連れて行ってもらったこともあった。しかし、二一が偉い立場になってからは、そんな機会は一度もなかった。つまり、ここ数年、今居は二一と二人で話をしていなかった。

緊張と興奮が入り混じって、今居は少し足を揺すらせながら、パンをかじっていた。そんな落ち着かない今居に、妻である帆奈《はんな》が声をかけた。

「今日、どうしたの？　やけに気合が入ってるのね」

帆奈は専業主婦ではない。今居とは別の業界のベンチャー企業に勤めているワーキングママだ。

「ああ、今日、社長にプレゼンしようと思っててさ」

「社長って、あの二一社長？　昔に、完人くんの上司だったっていう？」

「そうだよ」

「へえ、そうなんだ。ここ最近、ずっと頑張っていたものね。あんまり無理せず、頑張ってね」


帆奈は、何度か転職をして、今は人事の仕事に就いている。今の企業は3社目である。

1社目は、ワンマン社長率いる創業10年も経たないブラック企業だった。残業、土日出勤もあたり前という会社だったため、体調を崩してしまい、転職することになった。ただ、2社目もまたベンチャーを選んだ。

2社目は、1社目よりもさらに小さいスタートアップの企業だった。社員数は数人しかおらず、帆奈はほぼ創業メンバーの一人として参画していた。社員同士は非常に仲がよく、それぞれを尊重し合う深い絆で結ばれ、頑張っていた。しかし、リーマンショックの際に経営状態が悪化し、結局、社長だけを残してほぼ解散というようなことになってしまった。

今の3社目は、マザーズに上場する優良ITベンチャーで、社員100人ほどの規模感だ。そこで活躍し、人事に抜擢されて、採用・育成・労務管理と、あらゆる人事業務をこなすマネージャーとして働いていた。

「社長をやってるような人たちはさ、いきなり『これこそが正解！』っていう感じで意見を言うと、当然そんなことは一度や二度は考えてたりしていて、すごい拒否反応示したりするからさ、あんまり熱くなりすぎないように、気を付けてプレゼンしなね」

帆奈は、完人の直情的な性格をよく知っていた。また、社長というポジションの人間と何度もコミュニケーションを取ったことがあるからこそのアドバイスだった。

せっかくのプレゼンの日に、さらに不安を煽《あお》るようなことは言わないでくれ、と今居は思ったが、ここで喧嘩《けんか》しても余計なエネルギーを使ってしまうだけだ。

「わかった、肝に銘じとくよ」と言いつつも、今居は帆奈のアドバイスを聞き流して、家を出た。

新規事業開発チームの定例会は昼過ぎの14時から。今居は、その最後で社長にプレゼンをしようと思っていた。

今居はこのチームのリーダーでもあったため、社長へのプレゼン資料の準備の他、司会進行のための準備も同時に行っていた。そのため、この日は外出などの予定を入れずに、定例会の直前までほぼその準備作業をしていた。その間、外回りが基本の開発営業部内にはあまり人がおらず、閑散としていた。それが、今居の不安な気持ちを助長した。

「なぜこうも不安な気持ちが出てくるのだろうか。帆奈に言われたことが気になっているのか？　二一社長とは、昔一緒に仕事をしていた間柄だ。二一社長なら、きっとわかってくれるはず。今俺が手元に温めている提案の内容は、そんな二一社長の性格のこともよく理解した内容になっている。刺さらないはずがない……。しかし、なぜこうも不安になるのだ？」

そうつぶやきながら、今居は、準備した資料を何度も開いては、細かな部分の修正を繰り返した。新規事業開発チームの定例会の時間まで、あっという間だった。

今居は会議室に入り、奥の窓際の席に座った。その他のメンバー5名もぞろぞろと入ってきた。

それぞれが、社長の二一の肝入りで部署横断的に集められたメンバーだ。若手中心に揃えられ、20代後半の人材が4名、30代が2名。全員が、思ったことは遠慮なく言う、ギラギラしたメンバーである。

今居は最年長ということで、リーダーを務めていた。このチームの責任者はもちろん、社長の二一だが、「極力、現場の意見に任せたい」という二一の意向で、今居は会の進行を一任されていた。そのため、定例会の途中にはあまり発言しすぎないようにしていた。時に、会自体に参加しないようなこともあった。

定例会の開始直前に、二一がみんなに挨拶しながら、会議室に入ってきた。いつも通り、にこやかな顔をしていた。二一が一番奥の席に腰かけた。今居は、時計をチラッと見て、定刻になったことを確認し、「それでは新規事業開発の定例会を始めます」と言って、定例会をスタートした。

定例会の冒頭で、今居は、数カ月にわたって話し合ってきたプログラム（図表24）を提示し、これまでの進捗状況を確認した。

この新規事業開発チームのゴールは、「SOZAIにとって大きなインパクトをもたらすイノベーションの源泉を見つける」ことである。現在は、すでに項目2－3までは完了し、項目3の「ビジネスモデルの具体化」まで話が及んでいた。しかし、そこで行き詰っ

［図表24］　今居たちが話し合ってきたプログラムの内容

Goal: SOZAIにとって大きなインパクトをもたらす
イノベーションの源泉を見つける

Agenda:

1. 必要となる情報の収集	1-1　ユーザーニーズの変化調査 1-2　競合調査 1-3　世界の技術トレンド調査
2. イノベーティブな事業／サービスのアイデア発散	2-1　既存のSOZAIの強みの定義 2-2　コンセプト導出 2-3　アイデア発散
3. ビジネスモデルの具体化	3-1　スモールスタートの結果検証 3-2　発展と撤退の見極め 3-3　注力事業の決定

てしまっていた。

項目1の「必要となる情報の収集」と、項目2の「イノベーティブな事業／サービスのアイデア発散」までは非常にスムーズだったのだが、出てきた様々なアイデアを実行に移す3－1の「スモールスタートの結果検証」のところで、なかなか話が前に進まなくなっていた。

それぞれの取り組みの進捗を確認しても、あまり進んでいないという報告がほとんどだった。中には、まだ何も取り組めていないという人もいた。「時間」と「人手」と「予算」が足りない、というのが、その理由だった。

「曽倉《そくら》です。思い切って言い訳のようなことを言いますが、アイデアを実行に移してはみるのですが、集中して取り組む時間もなく、なかなか一人では、結果検証に足るデータが集まるというところまでいけていません。業務時間内にこの新規事業の取り組みをしていると、所属長から白い目で見られることもあります。会社として取り組むべきということが理解されていません」

曽倉は、今居の次に年長者である営業企画の人間だ。これに賛同するように、他のメンバーもうなずいた。

今居は、そろそろ、こういう声がプロジェクトメンバーから上がってくることを予測していた。

新しいことを始めるのには、相当のパワーがかかる。既存事業が今は儲かっていないわけではないので、目標数字が低くなるということは決してない。とにかく普段の業務が忙しいのだ。

普段の業務を差し置いて、新規事業開発に注力することは、企業で働くサラリーマンとしてはある種、博打《ばくち》のようなものである。既存事業で結果を残せなければ、出世することもままならなくなるかもしれない。

「みんな、私から、少しいいかな」

定例会が少し重苦しい空気になったところで、今居が切り出した。

「新規事業に取り組まなくてはならないことは、ＳＯＺＡＩが生き残っていくための至上命題の一つだと思います。だから、社長直轄で優秀なメンバーが集められ、このチームが組成された。

ただ、それが実行フェーズに入った段階で進められていない。計画や調査の段階ではスムーズだったのに。その理由は、私は全社のみんなが我々の活動に理解を示してくれないからだと。そう考えています」

この今居の発言を受けて、メンバー最若手の女性研究者である鳥谷《とりがや》が、ここぞとばかりに発言した。鳥谷は一流大学を首席で卒業し、会社の中でも期待株として注目されている社員である。

「その通りだと思います。新規事業への取り組みを加速させるためには、我々だけが必死になって取り組んでも、これ以上は前に進みません。特に、誰とは言わないですが、この活動を批判している部長クラスの人がいるのも事実です。ＳＯＺＡＩはピラミッド構造でマネジメントしている会社ですから、そのクラスに批判者がいると、その配下にいる人間がいくら頑張ろうとも、うまくいくものもうまくいかないと思います」

このだいぶ辛辣《しんらつ》な鳥谷の発言を受けて、他の社員も声を上げ、会が紛糾し始めた。

「勇気を持って発言します。社長直轄ということで、色々と挑戦できるぞ！という思いで始めましたが……。日々の業務も相当忙しく、このプロジェクトをやっているからといって、業務量を減らしてもらえるわけでもないので、結構、辛いですね。それが本音です」

曽倉のこの発言を受けて、二一が口を開いた。

「誰かの批判をしても、何も生み出さない。私はそういうメンバーを集めた気はなかった。

で、どうするんだ？　君らの発言には、それがない。私が部長陣に君らの業務のコントロールを申し出ればいいのか？」

二一は、少々厳しい口調で言った。内容も厳しいものであったために、社長の二一が怒りを込めて言っている、ということをみんなが感じ取り、場が凍り付いてしまった。

その沈黙を打ち破ったのは、今居だった。今居は、会議の流れがこうなることを予測していたのだ。とうとう、二一社長へのプレゼンを実行に移す時が来たと考え、立ち上がった。

「新規事業開発チームのみんなへ、そして、二一社長に、提案があります。今日まで、ずっと考え、準備してきたことです」と、今居は語り始めた。

「SOZAIが、未来もさらに成長していくために、新規事業開発チームを立ち上げて、すでに1年以上が経過しました。開始当初はよかったものの、今は正直、進捗が芳《かんば》しくないと思っています。新しく、何か大きなことを始めるのには相当なパワーがかかります。みんなが言うように、『時間』と『人手』と『費用』がもっとなくては、うまくいかない。私も、そう思います。

ただ、私が思うに、もう一つ足りないものがあると思います。それは『情熱』です。個人もそうですが、組織全体に強い想いと高い志みたいなものがなくては、新規事業なんてうまくいかない。SOZAIにはそれがないんです。そう思いませんか？」

今居はみんなに語りかけた。プロジェクトメンバーのみんなは、「一体何の話だ？ 説教か？」とでも言いたそうな顔つきで聞いていた。二一は、顔色一つ変えずに今居をじっと見ていた。

今居は続けた。

「情熱を生み出すものは何か？ 私は、それは、使命を言語化することだと思っています。なぜ新規事業開発に取り組まなくてはならないのか？ 何を目指して新規事業開発に取り組むのか？ それが、今の私たちには……いや、ＳＯＺＡＩ全体には、そういう目指す姿とか使命とかがないのではないか。そう思っています」

場がまた一瞬、しんとした静寂に包まれた。この発言は、ある種会社への批判のようにも聞こえかねない内容である。しかも、それを社長の二一のいる場で発言をしたことに、みんなは驚いたのであった。

二一は相変わらず、顔色一つ変えず、という様子で沈黙を守っていた。

そんな一瞬の静寂を破ったのは、また先ほどと同じ、鳥谷であった。手を挙げて、今居に質問した。

「使命って、よく色んな企業が掲げるミッションとか、ビジョンとか、そういうもののことですか？」

「そう、その通り。ＳＯＺＡＩにも投資家向けに語られるような、3カ年ビジョンなどはありますが、社員にとっては訓示的に掲げられているだけになってしまっている」

今居はみんなの顔を見ながら続けた。

「今こそ、私たち新規事業開発チームだけでなく、ＳＯＺＡＩが新しい未来に向かって一つになれる『言葉』を掲げて、それを全社的に浸透させていくタイミングなのではないか。そして、既存事業に取り組む他の社員たちも巻き込んで、会社全体の意識改革を行っていくべきではないか。そう思って、今回の提案を持ってきました」

今居は、そう言い終わると、会議室の明かりを暗くして、プロジェクターで「インナーブランディングのご提案」というタイトルのスライドを映写した。

スライドは、5枚で構成されていて、それらを映し出しながら、「ＳＯＺＡＩの現状と課題の整理」「エンゲージメントデータの分析から見る重点課題」「解決策・インナーブランディング」「施策の設計図」「まず取り組むべきこと＝言葉づくり」と順番に説明していった。そして、次のように締めくくった。

「私たちは、1年をかけて、この会社を変えるために、新規事業を成功させるための情報を集めてきました。しかし、実行に移そうという段階で、次に進めず、もどかしい気持ちになってきていたと思います。そんな私たちから、情報を発信して、全社を巻き込んで、この会社を変革していきませんか」

プレゼンを終えた今居は、会議室の明かりをつけた。

インナーブランディングはなぜ必要か？

今居は内心で「やり切った……」と思っていた。しかし、みんなの顔はいぶかしいままであった。また鳥谷が口火を切った。

「今居さん、この提案はつまり、私たち自身が新規事業開発を成功させるのではなく、会社全体の変革をリードするインナーブランディングチームになるということですか？ それって、確かに、すごく大事なことというのはわかるのですが、なんだか論点がズレてしまっているような気がするのですが……。

私は、自分が大学で学んだ技術とか知識とか、人脈を活かして、新規事業開発に取り組むために、このチームにいると思っていたのですが……。会社にとって、その、全社員の活力の源泉となる指針のようなものが必要ということは、ある程度理解はできますが……。しかしこれって、広報部や人事部の仕事ではないですか？　我々のようなチームがやるべき仕事ではないと思います」

鳥谷はそう言い切った。

そこで、二一がおもむろに立ち上がり、喋《しゃべ》り始めた。

「いや、この提案は非常に重要だ。こういう観点で提案をしてくる人間は、経営陣にも少ない。みんな、私に遠慮しているからな。会社の方針までをも問う提案は面白かったよ。ただ、鳥谷が言う通り、このチームで取り組むべきことではないことも事実だ。今居自身もおそらくわかっていると思うが、今居の提案は、この新規事業開発チームがこれまで進めてきたことを成功させるための提案ではない。みんなが求めているのは、ここまでやってきたことを次に進めるには、どうしたらよいか？ということだ。今居、お前はそれを理解しているか？」

「はい、理解していました」

今居はそう答えた。

「ほう。では、なぜこの場でこの提案を？」

二一は、即座に今居に切り返した。

「このプロジェクトスタッフのみんなにも聞いてほしかったからです。このプロジェクトチームは、今のまま続けていてもうまくいきません。私はこのチームをいったん解散させて、まずはインナーブランディングの取り組みを行ったのち、また再組成させるべきだと考えています」

「なるほど、解散させる必要もあるから、この場で提案したというわけか。この場で結論を求めているな。よし、わかった。では、この場で、この話についての結論を出すことにしよう」

　そう言うと、二一は、ゆっくりと、前に立つ今居の近くまで歩き、今居以外のメンバーに向かって話し始めた。

「この提案をしてくれた今居以外のみんなに、まず聞きたい。株式会社ＳＯＺＡＩの問題は何であるか。私は何を一番の課題と思っているか」

　こう問いを投げかけられて、会議室内は静まり返った。20秒ほどの沈黙の後、最初に口を開いたのは曽倉であった。

「割とこの中では年長なので、自分から思っていることを話します。私が問題だと思っているのは、この会社が大企業病にかかっているのではないか、ということです。こんなことを言うと、会社批判に聞こえてしまうかもしれないですが、とにかく一つ一つの物事の意思決定スピードが遅すぎると思います。今居さんの資料の中にもありましたが、我々の顧客である自動車メーカーは猛スピードで変革を実行しています。その下請けである我々ＳＯＺＡＩも、それ以上のスピードで変革しなくてはならないはずなのに、ちょっとした開発プロセスの変更にも3カ月、時には半年もの時間がかかってしまうことがあります」

「ふむ、わかった。それは確かに一つの問題ではある。それで、それを解決するための一番の課題は何だ？」

二一が直ちに切り返した。

「課題ですか……。意思決定を早めるために……、例えば、社長に直談判することができる仕組みを整える、とか……」

曽倉は、しどろもどろで回答した。

「それについては、考えてみたことがある。しかし、抜本的な問題の解決にはならないと、私は考えている。鳥谷が言った通り、いくら私が太鼓判を押したところで、現場の長がそれを裏でこっそり批判するようなことがあるからな。しかし、よく勇気を持って話してくれた。他には？」

二一がまたみんなの方を向いた。鳥谷が手を挙げた。

「私は、会社としてもっと予算を割いて、社外の人との人材交流に力を入れるべきだと思います」

「どうしてそう思う？」

二一が鳥谷の方を向いて聞いた。

「私がいる研究開発の部署だけかもしれないですが、みんな、社内のことだけを見て、それを判断基準に仕事をしてしまっているような気がしています。社外に勉強する機会はたくさんあるのに……。私はまだ若いですが、大学時代の先生が主催してくれる勉強会によく参加するようにしています。でも、そういう勉強の場ってたくさんあるはずなのに、部署のみんなは全然参加しようとしません。普段の業務が終わったら、さっさと帰ってしまいます。

きっと、他部署でもそうなのだろうなと思います。だから、私が課題だと思うのは、人材交流の幅をもっと広げられる機会に参加できるように、社外活動への予算を割くことだと思っています。本質的ではないかもしれないですが、会社からお金が払われるということであれば、みんな、もっと社外の交流会に参加するようになるのではないでしょうか」

「そういう制度は、鳥谷が入社する以前はうちの会社にもあった。しかし、社外の交流会という名の合コンに行った社員がいてな……。しかも、そこで少々問題を起こして、警察沙汰になってしまったこともあり、この制度を取りやめにしたのだ。ただ、そういう状況なら、単純に取りやめにしてしまったことはよくなかったかもしれない。今一度ルールを見直して、復活するように人事に要請しておこう」

「入社する以前はあったのですね。それは知りませんでした。ぜひ検討してください」

鳥谷は嬉しそうな表情で答えた。

「ああ。現場のことを教えてくれてありがとう。ただ、鳥谷が話してくれたことは、経営陣の議題に挙がっている課題ではない。他にはあるか？」

二一がまた、みんなに話を振った。再び、会議室に小さな静寂が訪れた。

今居は、今居以外のみんなへの質問、ということで口をつぐんでいたが、自分も発言したくてうずうずしていた。その様子を感じ取ったのか、二一が今居の肩を叩き、こう尋ねた。

「今居、お前はどう思っているんだ？　改めて簡潔に教えてくれないか」

今居は、待ってましたとばかりに、話し始めた。

「はい。私は、ＳＯＺＡＩの問題は、そもそも、この会社にいる多くの人から、創業の時のような、何か新しいものを生み出していこうぜ、という『情熱』がなくなってきていることだと思います。だからこそ、この会社が目指す大義名分を見直して、改めてみんなが『情熱』を持って取り組める環境を整えることが重要だと思ったんです。

現場のみんなも巻き込んで、会社の壮大なビジョンをつくること。それが、私が考える、まず取り組むべき課題です」

今居は、「情熱」という言葉を強調するように説明した。

「わかった。ありがとう。他のみんなも、また思うことがあったら、いつでも言いに来てほしい。

次は、私から話したいと思う。みんなに私の今の悩み、つまり、課題だと思っていることを伝えてもいいか。少し話が長くなるかもしれないが構わないか」

そう言いながら二一が辺りを見渡すと、みんながこっくりとうなずいた。

「知らない人はいないとは思うので、今更だが、私は創業社長ではない。ＳＯＺＡＩは、私の叔父である、古井史輪《ふるいふみあき》が立ち上げた会社だ。なので、私は、世に言う二代目社長ということになる。そしてこの会社は、同族経営をしている企業ということができる」

二一は、一旦話すのを止め、少しだけ間を置くと、また話を続けた。

「今、みんなが言ってくれた課題は、全くの見当違いというものは一つもない。ＳＯＺＡＩも上場してから久しいが、正直、問題は山積みだ。

ただ、それらの問題の根っこはもっともっと深いところにある。私が何を問題視しているか。それは、私自身の問題なんだ。私が史輪会長に遠慮していることにすべて起因している」

この二一の発言を受けて、会議室に「え？」「そんなことは」という声が溢れた。今居も、二一の発言に驚いていた。

普段の二一が社長として、例えば全社総会などに出てきた時など、発言は豪快で熱の入ったものが多く、前社長の史輪とは大きく異なっていた。遠慮している様子などは、おくびにも出していなかった。

「みんなには、それが伝わっていなかったかもしれないが、それが私の本心だ。私が大きく経営の舵を切ろうとしても、その指針に裏で反対する役職付きの人間がいる。それは、史輪会長の時代からいる、権威にすがりついて出世争いを勝ち抜いてきた人間だ。はっきり言って、老害だよ。

もちろん、みんながそういうわけではないのだが、一部の、私より年上の人間がそうなんだ。誰がそういうことを言っているかも、理解している。私が、異論があるならはっきりと言ってほしい、と伝えても、そういう人間からは何も出てきやしない。相当に業を煮やしたこともあるが、これはなかなか変えようがないことなのだ」

意外な二一の思い切った発言に、場は静まり返ってしまった。二一は、なおも続けた。

「経営者として一番大切なことは、毎年しっかり利益を出して、会社を存続させることだ。『利益が出なければ、給料が出ない。給料が出なければ、メシが食えない。そしたら、そこで働く理由などなくなる』。史輪会長が、だいぶ昔に私に教えてくれたことだが、この言葉はしっかり私の心に刻まれている。

だからこそなのだが、史輪会長が社長の時代から経営に携わっている人間は、何より、毎年しっかり利益が出ることを優先する。しかし、そうするとな、保守的になっていくんだよ。その気持ちは私にもわかる。みんな、怖いんだ、思い切ったことをして、失敗してしまうのが。

ただ、そんな経営の仕方をしていたら、徐々に衰退・縮小していくことも、もう一つの真理だ。『進化しないものは、生き残れない』。これは史輪会長だけの言葉ではない。

では、この矛盾する二つの真理をどうしたらよいか? その次に、私はこう考え始めた。今いる経営陣を刷新して、入れ替えたらいいじゃないか、と。既存事業にしがみつく社員もみんな、入れ替えてしまえばよい。それが早い、と。しかし、そんなことをしてしまえば、既存のビジネスを熟知した人間を失ってしまう。また、人を入れ替えるには莫大な採用と育成のコストがかかるし、社会的に会社の信用を損なうというリスクもある。そんなことはできない」

二一は、ペットボトルのお茶を一口飲み、続けた。

「そんなことをあれこれと考えていたら、行きついた結論があるんだよ。それが、私がみんなに問うた課題だ。私が今、心の底で一番よく考えていることであり、悩んでいることは、次のことなんだ」

二一がみんなの顔を見た。そして、こう言った。

「ＳＯＺＡＩの経営者となる逸材を、古井一族以外からも輩出できるよう、育てる」

鳥谷がその真意を察知し、すぐに反応した。

「同族経営をやめよう、ということですか？」

二一はふっと笑った。

「いや、そこまで断言はさせないでくれ。今、ＳＯＺＡＩで働いている古井一族の中には、客観的に見ても優秀な人間はいる。

ただ、カリスマ社長の威光に頼って社員を動かし、会社を経営していくのをやめて、中にいる社員が主体性を発揮して、ブランドや仕組みや型を築けるような会社にしていきたいと考えている。うちの会社は、上場までしているくせに、まだそういった点は手付かずなことが多い。

今居、お前が提案した『言葉』というのは、非常に的を射ている。もちろん、言葉だけじゃ経営はできないので、それ以外のことも整備しなくちゃならんが、根本にあるものは、私も『言葉』だと思っている」

「そうおっしゃるなら、二一社長。つまりは、インナーブランディングをやろうと、そういうことですか？」

曽倉が質問した。

「ああ、インナーブランディングは、やる」

「え⁉　あ……」

今居が一番驚いて、声を出してしまった。すっかり、二一社長の話に聞き入ってしまい、話の発端を忘れてしまっていたのである。

「今居、よい提案だった。今、うちの会社にとってまず取り組むべきことが何か、そのヒントを得ることができたよ」

二一は、今居にそう語りかけた。

今居は二一に褒められて、胸が躍った。これで、灰出先生や出川や妻の帆奈に、よい報告ができる。そう思った。

「どう進めるかについて、今居と二人で少し話をしたい。みんな、一旦、15分ほどトイレ休憩にさせてくれないか?」

突然、二一は厳しい口調になり、今居以外のメンバーに目を配って、そう言った。

みんなは一瞬、「え?」という顔をしたが、すぐに曽倉が「わかりました!」と席を立ったので、それに続いてぞろぞろと会議室を出ていった。鳥谷が心配そうな目で今居を見つめたが、今居はどこ吹く風でニコニコした顔をしていた。

組織変革を推進するための二つのチーム

みんなが出ていってすぐ、二一は今居に切り出した。

「今居。インナーブランディングは、やる。しかしこのチームでは、やらん。また、今居、お前にその旗振り役を任せることもしない」

「え!?　どうしてですか？」

今居は、思わず、大きな声を出してしまった。提案が通った暁には、この重役を任せてもらえるものとすっかり思い込んでいたからだ。

「お前は、開発営業として、既存事業の拡大と、新規事業にもっと集中しろ。このメンバーの他、必要な人員がいれば補充するし、予算もつけてやる」

「ですが……」

今居は、小さな声で答えた。

「ですが、じゃないだろ」

二一は、少し声を荒げた。

「これは、二人になったら言おうと我慢していたが、今回のお前の提案のよくなかったところは、この提案の内容をお前自身が実行しようとしたことにある。

会社が意図を持って集めたこのチームを、事前に誰に相談することもなしに、お前が勝手に目的を変えて違う方向に動かそうとしたことにも問題がある。俺が何を期待してこのチームを組成したかわかっているか？　新規事業開発を実現したかったからだよ。そのために、お前も含めて、一人ひとりに声をかけて回ったんだ。みんなが驚いていたのをお前はわかっているか？　結果として俺が賛同したからいいが、こんなやり方は続かない。お前のわがままのために組織はあるんじゃない。それを忘れるな。

あと、これは期待を込めて言うが、今居、お前が現場の最前線で挑戦することは、いつか会社の骨となり肉となる。それができるのは、俺が知る限り、お前が一番だ。だから、リーダーに選んだんだ」

二一は、怒ると怖い。二一が部長だった時代には、今居もだいぶ若手だったので直接怒られたことはほとんどなかったが、よく今居の上司の課長は怒鳴られていたことを、今居は思い出してしまった。二一の発言で、今居は急転直下で落ち込み、暗い気持ちになったが、「お前が一番だ」という発言に、少しだけ救われたような気持ちにもなり、自分を奮い立たせた。

「すみません、反省いたします……。ですが……、しかし、インナーブランディングは誰がやるのでしょう？」

今居は、食い下がって質問をした。

「これは内密にしてほしいのだが、インナーブランディングについては、実は以前から進めようと動いていたんだ。社内の人間に任せようかとも考えたが、客観的な視点を持った人の意見が必要と考え、外注して進めることにした。責任は私自身が取る。担当者として実務を行うのは、経営企画室だ」

「え、経営企画室ですか⁉」

今居は驚いた。なにせ同期の出川のいる部署だったからである。

「何をそんなに驚いているんだ。経営企画室の中に、ブランド推進チームをつくり、そこに一任することにした」

「ブランド推進、ですか？」

「ああ、SOZAIらしさを改めて考え直し、それを実現するためには、様々な立場の人間を巻き込まなくてはならず、相当な労力を要する。専任のチームが必要だと考えたんだ」

今居は小さな声でなるほどと言ってうなずいた。二一は続けた。

「ＳＯＺＡＩは史輪前社長の時代から『品質こそ信頼の源』という言葉を理念に掲げて経営をしてきたのは、お前も知っているな。今でこそ、訓示のようになってしまっているが、それでも時代時代の曲がり角では、この理念を支えにみんな、頑張ってきた。

俺が社長になってから、この理念がどれくらいお客様に認知されているのか、気になって調査したんだ。そうしたところ、残念なことに、我々がこの理念を大切にしてきたことを知っている顧客はごくわずかという結果が出た」

二一は、先ほどみんなに語りかけていた時の１・５倍ほどのスピードで喋った。短い時間に、今居を説き伏せようとしているのが、さすがの今居にも伝わってきた。二一は続けて、まくし立てた。

「お客様のＳＯＺＡＩの印象は、今は『言われたことを、しっかり納期を守ってやる会社』だそうだ。それが気になったので、さらに深く聞いてみると、つまり『やれないことはやれないとはっきりと断る会社』というコメントも出てきた。決してダメなことではないが、挑戦がない。挑戦がなければ、会社は衰退する。

ただ、そうやって顧客の声の一覧を眺めていたら、中には『非常にアグレッシブに提案してくれる』とか『新しい発見を与えてくれる』とか、そういうコメントもあるんだ。その顧客の担当は誰かと見てみたら、お前の名前が多く載っていたんだよ」

「え、素直に、嬉しいです」

今居はそう返答した。二一は、ニカっと笑って続けた。

「俺も嬉しかった。そこで思った。おそらく、『品質』には二つの意味があるのだろうと。一つは、しっかり納期を守ってよいものを納品すること、もう一つは、お客様の期待を超えること。この二つ目の、お客様の期待を超えるってことができる逸材には、会社の未来を最前線で背負ってもらいたい。お前には、そこを担ってほしいんだ」

二一は喋っている間、ずっと今居の目を見つめていた。今居もずっと二一の目を見ていた。二一の目に、嘘で曇っている様子など、微塵《みじん》もなく、今居は二一が本心から語ってくれていると信じた。

「わかりました！　私は現場の前線で、新しい価値を生むことに注力します」

今居は力強く言った。二一はまたニカっと笑った。今居は突然思い出した。二一は部長時代によく、こうやってニカっと笑っていた。きっとこれが本心の笑顔なのだ。

「よかったよ、理解してくれて。だから、お前はインナーブランディングの推進者でなく、現場で新たな価値を生む推進者になってくれ。……あと、一点、ここからさらに、お願いがあってな」

二一は、今居の肩を叩いた。

「はい、何でしょう？」

「実は、年末の12月から、年をまたいだ1月までの間に、外注するコンサルタントから俺も含めて経営陣が取材を受けるんだが、お前も現場代表として受けてくれないか？」

「あ、そういうことですか⁉ ぜひ。光栄です」

今居は、なんだそんなことか、と即答した。

「よかった。ただ、取材に来るコンサルタントは、実は、お前がよく知る人物でな……」

二一が突然、もったいぶって、間を空けた。

「え、まさか……」

「灰出さんなんだ」

「え⁉」

今居は一瞬大きな声を出したが、すぐに多くのことを理解して、また小さな声で「えぇ～」と言った。

「はは！ お前の高校時代のサッカー部の恩師だろう。実は、灰出さんとは、旧知の仲でな。年は私の方が少し下だが、大学が一緒なんだ」

二一が笑って言った。

「……そうだったんですか……そういうことだったのか、どうりで。うちの会社に詳しすぎると思ったんです」

「最近も会っていたんだろう？　灰出さんから今居にどんな話をしたのか聞いていないが、提案内容を見れば、灰出流があちらこちらに散りばめられていたから、すぐに気が付いたよ」

「会ってました。あ、でも、灰出先生からうちの会社について深掘りしてきたりすることはなかったし、灰出先生が二一社長とつながっているとは……そんなことは一言も聞いていませんでした」

「そりゃあ、そうだ。コンサルだから、会社の経営に関することは、社内の人間であろうとも、関係者以外には内密にしなくてはいけないからな。だから、お前もこのことは、まだ社内でも、誰にも口外するなよ」

「……かしこまりました」

今居はあっけにとられたような感覚のまま、そう答えた。

「そろそろ15分が経つ。もしかしたら、会議室の外で待っているかもしれないので、呼んできてくれないか。あと、今後、このチームをどうするかは、お前から発表してくれないか。インナーブランディングのことについては、俺から話す」

「はい、承知しました。呼んできます」

そう言って、今居は会議室を出た。

会議室の外では、みんなが待っていた。今居のことを心配そうに見つめていた。今居は、二一社長から言われた話で頭が一杯になってしまっていたので、みんながなぜそんなに心配そうな目をしているのかと思った。

そこで、曽倉が口を開いた。

「今、ちょっと会議室に入る前に聞いていいですか？　大丈夫でした？　今居さん……」

「え、どうして？」

今居が尋ねた。すぐに鳥谷が曽倉の前に出て、答えた。

「二一社長に、もしかしたら怒られていたんじゃないかなと思って。だって、今居さん、だいぶ無茶したから。今居さんがこのチームから外されたらどうしようかって、みんなで話してたんですよ」

「え、いや、無茶、だったかな……」

みんなの本当に心配そうな顔に、今居は申し訳ない気持ちになった。胸に刺さっていた「お前のわがままのために組織はあるんじゃない。それを忘れるな」という二一社長の言葉を思い出し、また胸が痛み出したような感覚に襲われた。

「今居さんが社内の仕事を取り仕切る立場になっても、新規事業開発の仕事も続けましょうよ。今居さんの仕事の姿勢とか、熱意とか、どんな時も明るく笑ってたりするところとか、そういうのにすごくエネルギーをもらってたんですよね。そんな先輩、他にいないし」

鳥谷のこの発言に、他のみんなもうなずいた。その反応を目にした今居は、突然、自分のしたことが情けなくなり、涙が出そうになってしまった。

「……みんな、事前に何の相談もせず、本当に申し訳ない。新規事業開発チームは継続するよ。私も残る。インナーブランディングについては、社長からこの後、話していただく」

そう言い終わると、目に涙が滲《にじ》んできてしまっていた今居は、すぐに会議室の戸を開けて、室内に入った。会議室では、二一社長が立って待っていた。

「みんな、15分も時間をもらってしまってすまない。その様子だと、新規事業開発チームを継続することは今居から聞いたかな? この新規事業開発プロジェクトは、今居が引き続きリーダーとして牽引《けんいん》する。必要な人員・予算の計画は、ここにいるみんなの意見も募った上で、今居に音頭を取って立て直してもらおう。

また、インナーブランディングについては、経営マターとするので、今日、今居から提案があった内容については一旦、私のボールとさせてほしい。では、今日はこれにて解散」

定例会を終えた今居が外に出ると、雨は止んでいた。心地のよい、しかし、少し肌寒い風が吹いていた。

解説

インナーブランディングにおける経営者の役割

組織の改革に着手する組織が増えています。きっかけは様々で、「働き方改革」という文脈で始める会社もあれば、時代の流れに乗って「エンゲージメントに着手しよう」ということで始める会社もあります。「〇周年を迎えたので、自分たちの存在意義を改めて考えてみよう」という会社もあります。

しかし、改革というのは何となく始めても決してうまくいきません。特に流行に乗って何となく始めたという会社では大抵、1年後くらいにはその存在すらもすっかり忘れられたプロジェクトになってしまいます。

改革が成功を収める組織と、そうでない組織の最も大きな違いは何か？　それは経営者の危機感の強さの違いだと、私は思っています。

どんな仕事でもそうですが、**プロジェクトを発起して成果が出るまで遂行するのには、熱意とやる気を持ったリーダーの存在が不可欠です。**特にそれが組織改革であれば、**組織のトップである経営者のサポートがなくては決してうまくいきません。**

理念の根本から見直して、「ミッション、ビジョン、バリュー」を刷新し、変革方針に合った行動指針・戦略をセットする。今、その組織にいる人材に、新しい理念に共感してもらい、同じ方向に向かって一体となって走る。採用・育成基準も見直して、ついてこられない人は自ら辞めていってもらうくらいの旗の立て方、舵の切り方をする。そうすることによって、少々時間がかかりますが、変革方針に合った人材で企業が満たされるようになり、組織変革は成功するのです。

このプロセスは、組織の中枢にいる人間すべての合意を得ながら進める必要があります。時に、経営層と呼ばれるポジションの人間の反対にあうこともあります。そんな仕事を現場の一社員が担ったところでうまくいくはずもないのです。

古井二一社長はそのことをよく心得ており、現場の最前線で活躍する社員である今居には、インナーブランディングの推進役を任せるという判断をしませんでした。そして、自らがその旗振り役となることと、実行の面については経営企画室の中にブランド推進チームをつくることで機能させるという決断をしました。

果たして、その体制でうまくいくのか。それは、次章で明らかにしていきたいと思います。

第5章

組織の成長には「ＷＨＹ」が欠かせない

「社会に提供できる価値」を考える

株式会社SOZAIの組織変革プロジェクト「ターニング・プラン」は、二一《にいち》が言っていた通り12月からスタートした。「ターニング・プラン」というプロジェクト名には、二一の「SOZAIが生き残れるかどうかの分岐点にある」という想いが込められていた。スケジュールは、図表25のような想定だった。しかしこれは、あくまでも「当初予定」のスケジュールに過ぎなかった。

実際には、エンゲージメントサーベイのデータを定期的に確認し、プランを継続的に細かく修正しながら、組織変革プロジェクトは進行していった。想定外の事態に見舞われてスケジュールが後ろ倒しになることもあったが、二一社長の強い意志もあり、「ターニング・プラン」の進捗が遅れることはあっても、頓挫することはなかった。

このプロジェクトの実施を担った経営企画室のブランド推進チームには、出川《でがわ》も参画していた。そのため、今居《いまい》は折に触れて、出川から内密に、プロジェクトの進捗を聞くこと

[図表25] 株式会社SOZAIの組織変革プロジェクト「ターニング・プラン」

■ STEP1 言葉づくりフェーズ（所要期間:3カ月～5カ月）

①キックオフ（12月）
プロジェクトのゴール確認、社史や戦略資料など過去整理資料の収集、プロセス確認、リスクの確認。

②取材対象の選定（12月）
経営トップ、経営陣キーパーソン、会社の生き字引的人物、現場の牽引者を選定。過去や権威にしがみつく人物には取材しないよう注意。

③社内キーパーソンヒアリング（12月～翌年1月）
会社のMission, Vision, Valueの言語化のための経営陣・現場代表・顧客への取材。一人1時間～1時間30分程度でエピソードや想いを抽出。

④アンケート・ワークショップ（翌年1月）
巻き込んでおきたいメンバーへ実施。育成観点での選定もあり。

⑤インタビュー内容・提供情報をすべて整理（翌年2月）
収集した情報を整理しブランドストラクチャーを作成。

⑥言葉の磨き上げ（翌年3月）
Mission, Vision, Valueなどのフレームに言葉を収斂させ、それぞれの言葉を磨き上げる。

⑦ブランドプラットフォームの作成（翌年3月～4月）
出来上がった言葉を体系図として整理。

■ STEP2 浸透活動フェーズ（所要期間:2カ月～4カ月 ※施策によって異なるため順次リリース）

⑧浸透のためのクリエイティブを制作（翌年4月～7月）
言語化した内容を社内に浸透させるための映像・紙物・イントラサイトなどクリエイティブを制作。

⑨浸透のためのファンクショナルプランを設計（翌年4月～7月）
言語化した内容を種々の制度・研修・イベントへ反映。クリエイティブの活用場面・方法も設計。

■ STEP3 相互理解フェーズ（所要期間:4カ月 ※浸透活動を始めてから半年後を目安に実施）

⑩ワークショップ（翌年8月～11月）
各組織の組織長を対象にワークショップを実施。成功体験を語り合う。組織長の想いを言語化し、各組織ごとのMission, Vision, Valueも策定。

⑪ITツールの活用（翌年8月～12月）
ロールモデルとなる活動をしている社員を取り上げ、イントラ内で共有。

⑫ベストプラクティス表彰（翌年8月～12月）
最も素晴らしい活動（ベストプラクティス）を取り上げ、表彰式などのイベントで共有。

■ STEP3以降 社外向けに発信（所要期間:6カ月 ※社員の共感を得てから社外に発信すること）

⑬ブランドコミュニケーションプランの策定（翌年4月～12月）
顧客、消費者、株主など社外のステークホルダーに向けたコミュニケーションプランを策定し実施。

ができた。

プロジェクトがスタートを切ってからすでに2カ月が経っていた。今居は久しぶりに、出川とナポリタンを食べに、いつもの喫茶店に来ていた。

「今居、この会社の未来について、本気で思い悩み、強い危機感を抱いているのは、経営者である二一社長だけかもしれないな」

ナポリタンを食べていた出川が、ふと今居に話しかけた。

「え、何でそう思うんだ?」

「取材があっただろう。ああ、現場代表として、今居にも話を聞いた回があったな。取材を受けたのは、現場の人間ではお前だけで、他はほとんど経営陣だったんだ。

その取材に俺もすべて立ち会ったんだが、その中の何人かが、こういう趣旨のことを言ったんだ。『私たちはあと数年でいなくなるので、これからの会社の未来については、これからを担う若手に、受け身にならず主体的に、ぜひ真剣に考えてほしい』。このセリフ、お前、どう思う?」

出川は吐き捨てるように言った。このセリフに嫌悪感を抱いていることが、ありありと伝わってきた。

「責任感が感じられないってことか？」

「ああ、その通りだよ。会社のブランドを考えるということは、『その会社が10年後、20年後、社会の中でどのような価値を発揮して不可欠な存在になるか』っていうことを考えることと、ほぼイコールさ。

ただ、多くの人間は自分のことしか……、自分がどういうキャリアでこの会社を辞めるのか……、そんなことしか考えていない。そういう人間は、思考停止しているよ、俺から言わせれば。『数年後の会社に私はいないので、考えられません』。そう言っているようにしか、俺には聞こえない。経営陣の中に、そういう人間が交ざっているんだよ」

出川の強い口調に、今居は驚いていた。出川は会社の批判を軽々しく口にするような人間ではないからだ。

「俺は経営陣の中では、二一社長しかほとんどつながりがないからな……。そんな発言をする人間が経営陣にもいるのか」

今居は、出川の真意を探るように、相槌《あいづち》を打った。

「ああ。灰出《はいで》先生がプロジェクト開始時に、取材対象者は入念に選考してほしい、と我々におっしゃっていたんだ。会社の未来について真剣に考え、行動に移している人に話を聞くべきだと。昔はよかった、というような、過去の栄光を引きずるだけのような人間には、取材をするべきではないと。

しかし、灰出先生の忠告を無視して、うちの経営企画室のトップが上層部に忖度《そんたく》して、結局、経営陣全員に取材をすることになってしまったんだ。それが失敗だった。そういう人間は、いつの間にか、未来に向かって新しいチャレンジをする気概を失ってしまっているよ」

「出川、お前がそこまで言うとはな……。二一社長は違うか？」

「二一社長は違う。今のままの活動を続けていては、この会社が社会に必要とされなくなってしまう、という危機感がとても強い。今こそ、新たな価値を生む起業家が、この会社には必要だとおっしゃっていた。海外の動向にも明るいし、我々の今の主戦場であるマーケットにもよく精通している。あそこまで現場のことを考えてらっしゃるとは、俺も知らなかった。直接話を聞いてみるもんだな」

「そうか」

今居は、二一社長が褒められると、なぜだか自分のことのように嬉しい気持ちになった。社長という役職に就いた人間の人柄や考えを、一社員が知ることは、大手になればなるほど難しい。接点が持てないからだ。今居は、出川が二一社長の数少ない理解者になってくれたような気持ちになって喜んだ。

「とにかく、このプロジェクトは、思考停止している経営陣の存在により、おそらく一度は頓挫すると思う。『言葉』の磨き上げのプロセスは難航するかもしれないな」

出川の予感は当たり、実際にミッション、ビジョン、バリューの言葉の決定は、当初の予定より1カ月後ろ倒しとなった。

灰出は、『言葉』の決定までに、取材した内容の整理を入念に行い、ロジカルに分類

［図表26］　株式会社SOZAIのミッション、ビジョン、バリュー

Mission
あたり前を、より良く
Vision
「おもてなし」で世界を代表する
化学素材メーカー
Value
チャレンジャーシップ、オーナーシップ、
リーダーシップ

し、いくつもの案を出した。しかし、それでも決まらなかったのは、経営陣の中で考えがバラついてしまっていたからに他ならない。

それでも、徐々に徐々に、多くの人間の中に内在していた価値が言葉として磨かれていき、ほぼすべての経営陣の納得を得られる「言葉」に仕上がった（図表26）。冬が終わり、春を越して、梅雨に差し掛かった6月くらいのことだった。プロジェクト開始からすでに半年もの時間が経っていた。

志が人や組織を動かすエネルギーを生む

ミッション、ビジョン、バリューが完成してほどなくした8月の全社イベントで、新しい株式会社SOZAIの理念が発表された。今居はとても目を輝かせて、二一社長のプレゼンを聞き、この会社の未来の担い手になろうという気持ちを昂《たかぶ》らせた。

特に、発表時の映像がよかった。その映像の中で、株式会社SOZAIが成長し、その結果、社会に変化が起こっているということを、ある家庭のドラマを描くことで表現していた。まさに近未来を描いたその映像に、今居は「こんな社会の実現に自分も貢献したい」と熱くなっていた。

全社イベントが終わった後すぐに、人事制度、定例ミーティングの在り方、研修プログラムなど、社員の行動や意識に関わるもの全般の内容について、すべてが新しい理念と紐づくように見直しが進められていった。

こうした変化を、今居はすべて前向きなものとして捉えていた。会社が変わろうとしているということについて、本気さを感じていた。しかし、そういう人間は得てして少ないものである。新規事業プロジェクトの定例会の後、鳥谷《とりがや》から声をかけられた。

「今居さん、今、会社で取り組んでいる組織改革をどう捉えていますか？」

「え、どうって？　あの日に提案したインナーブランディングの内容を社長が実践して、会社がよい方向に向いているように思うけど」

「やはり。そう思っていると思いました。現場では、まだ、それほど受け入れられていませんよ。いや、それどころか、興味がないという方が正しいかな……。

私たちは、社長と直接会話する機会もあるし、あの日、今居さんが提案した内容を覚えてもいるからよいのですが、正直、会社と現場との意識の乖離《かいり》が大きいというか。部長クラスでも浸透していない人がいますよね」

「え、そうなのか!?」

今居は、遠くから見ても驚いたことがわかるくらいの様子で、リアクションを取った。

みんな、自分と同じようにとまではいかないが、8月の全社イベントでの会社からのメッセージの中には多少なりとも心に残るものがあり、日々の仕事の中で小さなことから実践し始めているだろうと、勝手に思い込んでいたのだ。

「今居さんは、ブランドの方針を決める際に取材を受けた側の人、なんですもんね……。みんな、そういうことだけはよくわかっているので、今居さんには直接言わないんですよ。陰では、この変革を批判している人もいるんですよ。これまでの会社のことも批判していたのに、いざ変革が始まったら、それがまた受け入れられなくて、批判の気持ちがさらに高まっている……。そんな風な人がたくさんいます」

「そうかな？ 鳥谷がそう思うだけで、みんなは違うのではないかな。鳥谷はうちの会社ではだいぶ尖《とが》っている感覚を持ってるから。鳥谷の周りにいる人間だけじゃないか？」

「今居さん、わかってないですよ。今居さんみたいに会社の方針に前のめりな人の方こそ、ほとんどいないんですから」

鳥谷は、ちょっと今居をからかうような口調で、そう言って去っていった。

今居は、すぐに出川に連絡を取った。エンゲージメントサーベイの結果がどう変化したか尋ねてみたくなったのである。なかなか電話に出ないので、メールをした。「8月の全社イベントでエンゲージメントって上がってないのか？」と。そうしたら、夜中に返信が返ってきた。

「上がってない。むしろ、ちょっと下がったくらいだ」

出川らしく、聞いたことだけに簡潔に回答が返ってきた。

「エンゲージメントが上がってない？　データが下がっているというのは、問題ではないだろうか……。灰出先生は大丈夫か？」

今居は、灰出が契約解除されるのではないか……と、大仰な心配までしたのである。

しかし、そんな今居の心配を他所《よそ》に、ミッション、ビジョン、バリューの浸透のための施策は次々と打たれていった。社員一人ひとりに新理念を記したカードが配られ、壁には理念の内容をまとめたポスターがいたるところに貼られた。

会社の風景が変わっていく様を見て、今居はこう考えた。

「俺が心配しても仕方がないか。灰出先生も、二一社長も言っていた。俺は、この会社のイノベーターにならなくちゃいけない。一刻も早く、結果を出そう。そして、会社の変革に賛同する仲間を増やしていこう」

気持ちを新たにした今居は、さらに自らの仕事に打ち込んでいった。開発営業として好成績を残しつつ、新規事業プロジェクトも強い意志を持って粘り強く前に進めていった。

新規事業プロジェクトは、「医療分野（ヘルスケア・ライフサイエンス分野）への進出」という大テーマを持って進められた。医療の分野で一旗揚げようと発案したのは、プロジェクトリーダーである今居自身からであった。

多くの素材メーカーがこの分野への参入を試みていた。その市場規模の大きさが魅力だからだ。しかしそれ以上に、今居の発案の背景には、個人的な強い思いがあった。今居はかつて母を医療事故で亡くしていた。その原因は、使用された医療機器の素材の不良によるものだった。しかし、立件まではできず、そのやるせない体験から医療事故を防ぐことに貢献したいという気持ちを以前から持っていた。

今居は、そういう志が人や組織を動かすエネルギーを生むということを、エンゲージメントやインナーブランディングを学ぶ中ですでに理解していた。なので、自分が「このためなら、いくらでも頑張りたい」と思える分野を提起した。

様々な意見の中には「大手がすでにひしめいている分野に参入するのはナンセンスでは」という声もあった。しかし、鳥谷の父が医師会の重鎮で、母は長年看護師として働いているということがわかると、風向きが変わった。情報も人脈もすぐに得られるかもしれないということで、プロジェクトメンバー全員の合意を得て、動き出すことができた。

最初の数カ月こそ、このプロジェクトはうまくいかなくなるかのような事態が繰り返されたが、看護師が使う医療器材というニッチな分野に的を絞ることで、いくつかの新商品の研究開発を担うことが決定。一旦は、事業を軌道に乗せることができたのだった。

日々打ち込むことがあると、時間はあっという間に過ぎ去っていく。8月のうだるような暑さが過ぎ去り、短い秋を超えて、また寒い冬がやってきた。「ターニング・プラン」がスタートしてから1年が過ぎようとしていた。

12月のある日、今居を含めた課長職以上の人間が呼び出され、ワークショップが実施された。それに先立ち、案内（図表27）が経営企画室から届いていた。

[図表27]　灰出が行ったワークショップの案内

●月■日

ワークショップへの参加のお願い

管理者研修の一環として外部からファシリテーターを招き、ワークショップを開催する運びとなりました。当社のミッション、ビジョン、バリューの実現を目指す上で、みなさんのこれまでの成功体験やエピソードの中から、私たちの仕事の意義は何なのか、その源泉を収集したいと考えております。
管理者同士お互いを知り合う貴重な機会ともなるよう、準備を進めております。多忙の折ではありますが、奮ってご参加のほど、よろしくお願いいたします。

<開催概要>
開催目的
○ 個々の仕事の意義を言語化する。
○ ご自身が率いるチームの存在意義を言語化する。
○ お互いの価値観、大切にしていることを知る。

内容
最近の自分の仕事の中で最も心に残っているよいエピソードを思い出し、語っていただきます。その後、エピソードの中からこの仕事の意義（WHY）を抽出し分類することによって、各個人とご自身が率いるチームの存在意義を言語化するという内容です。

時間・会場
●月■日（▲）　9時～17時
大会議室にて

対象
課長職以上の管理者

経営企画室
ブランド推進チーム

「外部のファシリテーターとは、おそらく灰出先生のことだろう。仕事の意義を言語化する、チームの存在意義を言語化する、とは一体どういうことだろうか？」

今居はこのメールを読んですぐに察すると、灰出にコンタクトを取りたい気持ちに駆られた。

「出川は以前、まだエンゲージメントは上がっていないと言っていた。インナーブランディングはうまくいっているのだろうか？　先生はどう考えているんだろう？」

今居は、この研修の後、先生を飲みに誘ってみようと思い立った。かれこれ半年以上、灰出とコンタクトを取っていなかった。会社のコンサルタントとして入っていただいているが、元々知っている間柄なのだから、会ってはいけないということもないだろう。何より、自分には話を聞く権利があるはずだ。今居はそう考えて、久しぶりに灰出にメールを打ち、飲みに誘った。

「ぜひ行こう。ワークショップもお楽しみに」

灰出からすぐに返事が返ってきた。

「ＷＨＹ」を軸にすれば、ビジネス上の判断を間違わない

ワークショップの日がやってきた。会議室の中にぞろぞろと管理職と呼ばれる面々が集まっていた。総勢、１００人近くが集まる広い会議室を見渡すと、出川も参加していた。

今居は、出川の方に寄っていき話しかけた。

「経営企画も参加するんだな」

「ああ、今日は主催者側でなく、参加者側だ。灰出先生から『出川さんも出てください』と言われたんだ。今日はどんな風になるのか、俺も全く知らん」

そう答えた後、出川は一切喋《しゃべ》らずに、会社のスマートフォンを片手に細かい仕事を処理していた。しかし今居は、どうしても我慢できなくなり、ずっと聞いてみたかったことを質問した。

「最近も、別にエンゲージメントは上がっていないんだろう？　大丈夫なのか？」

「ん？　ああ。まあ、上がっていないというよりは、上がった部署もあれば下がった部署もあってトントンというところだ。会社の方針を変更するようなメッセージだからな。賛同する人間もいれば、反発する人間もいるということだろう。ただ、もう少しデータが上がってきてもよいと思ったんだが、動かないな……。なんだ、お前、灰出先生の心配をしているのか？」

出川が今居の心情を見透かしたように言った。

「ああ、データがよくなっていないということは、灰出先生の改革がうまくいってないということにならないかと思ってな。実際のところ、どうなんだ、そこは？」

「そこは、大丈夫だよ。二一社長も含め、うちの経営陣からの灰出先生への信頼は厚い。灰出先生は、全社イベントでの発表など、一方的なコミュニケーションを実行するだけでは、エンゲージメントは向上しないと、予告もしていたんだ」

「一方的なコミュニケーションだけではエンゲージメントは向上しない？　そうなの

か？」

今居が出川に聞き返した矢先に、灰出が会議室に入ってきた。普段より、少々ラフな格好をしている。

「みなさん、こんにちは。御社の組織変革をコンサルタントとしてお手伝いしております、灰出と申します。今日は、会社の未来を担うキーパーソンであるみなさんに、この株式会社SOZAIでの成功体験を存分に語り合っていただきます。そのプロセスの中で、個々人が抱く価値観や使命感といったものを抽出させていただきたいと思います」

灰出は会議室に入るなり、こう挨拶をした。今日のプログラムは次のような流れで進むらしい。「WHY」には、「働く理由（意義）であり、社会や人々への提供価値のこと」という注釈が添えられていた。

1. アイスブレイク
2. 仕事にWHYを持つことの重要性
3. 自身のWHYを言語化する

4．自組織のＷＨＹを言語化する
5．会社のＷＨＹとすり合わせを行う

「さて、はじめに、みなさんにお伺いしたいことがあります。みなさんは、仕事に熱意を持って取り組めていますか？

熱意があるというのは、無我夢中に没頭する仕事がある、ということとほぼ同義です。集中してそれに取り組んでいたら、気が付いたら時間が過ぎていた……。そんな風にみなさんは仕事ができているでしょうか？　自分は仕事に熱意を持って取り組めている。没頭して仕事に夢中になれる時間がある。そういう方は手を挙げてください」

灰出はそう言って、みんなに挙手を促した。今居はすぐに、自信を持って手を挙げたが、周りを見渡すと手を挙げているのはほんの数人だった。しかも、手を挙げている人も自信なさげで、ここは挙げておいた方がよいのかなという風な手の上げ方だった。ちなみに、出川は手を挙げていなかった。今居は、手を挙げる人が全体的に少ないことにがっかりした。

「仕事に熱意を持って取り組んでいる人の割合は、全体の1割くらいですかね。ありがとうございます。全体の10％程度、ということについてみなさんはどうお感じになりますか？　低いとお思いになりますか？

実は、10％という数字は、日本企業においては平均的なものです。２０１７年に調査会社のギャラップが日本のビジネスパーソンの仕事の熱意度について調査したところ、仕事に熱意を持って取り組んでいる人の割合は、たったの６％であるという結果が出ました」

ここまで聞いて今居は、灰出が話している内容を、エンゲージメントについての本で読んだことを思い出した。確かアメリカは30％とか、そのくらいの数字ではなかったか。

灰出は講義を続けた。

「６％という数値に比べれば、株式会社ＳＯＺＡＩで働くビジネスパーソンの仕事の熱意度は全体と比較して若干高いということになります。しかし、この平均値は日本での話です。世界と比較して、この６％という数字がどうか？　世界の平均は15％です。６％ともなると、ほぼ最下位の数字になります。調査をした１３９カ国中１３２位というランクです。日本で働くビジネスパーソンは、世界的に見て仕事への熱意が高くないのです」

何人かの受講者が、そうなんだ、という風に、小さく頭を揺らしうなずいていた。

「仕事への熱意が低ければ、イノベーションが起こりません。イノベーションを実現するには、ビジネス上の様々な障害を乗り越えなくてはなりませんから、熱意ある誰かが、必死に牽引《けんいん》しないことには進みません。イノベーションが起こらなければ、特にメーカーは価格競争の波にのまれ、競争は泥沼にはまっていきます。そうこうして疲弊しているうちに時間が経ち、気が付けば元々持っていた製品やサービス自体が社会から必要とされなくなり、その事業は衰退の一途をたどることになる……。これは、日本のあらゆるビジネスシーンで起こっていることなのです。

株式会社SOZAIも、他人事では済まされません。今日いらっしゃっているみなさんのうち、10％が仕事に熱意を持って取り組んでいると手を挙げてくださいましたが、それでは足りません。ここにいらっしゃっているのは、管理職のみなさんです。10％と言わず、大半が仕事に熱意を持って取り組むようになってほしいと思います。それが本日のワークショップの狙いです」

ワークショップのプログラムは丸一日をかけて、いくつかのテーマについて4〜5人のグループで議論をする形式をとって進んでいった。ワークショップのテーマは、「株式会社SOZAIにある、あらゆる仕事は、一体、社会のどんな役に立っているのか？」で一貫していた。

一人ひとりのこれまでSOZAIの中で培ってきた経験が棚卸しされて、フレームによって整理されていった。非常に頭を酷使する、密度の高い時間だった。最初は場の空気が少々重かったのだが、灰出のファシリテートによって、徐々に和やかな雰囲気へと変わっていった。

ワークショップは非常に盛り上がった。普段は聞けないような他部署の仕事の成功体験は、今居にとって非常に新鮮だった。他の人間もみんな、他の人の話に耳を傾けていた。普段は「あっちの部署の仕事が悪いから、こっちがやりづらい」というように、責任のなすりつけ合いをしている部署同士も、お互いの仕事へのこだわりや想いを聞くと、印象が変わるようである。「へえ、そんな風に考えていたとは知らなかった」という声があちこちで上がっていた。

部署間を超えた横のつながりが生まれるような、そんな時間が過ぎていった。最近のSOZAIでは感じられなかった前向きな空気が溢《あふ》れていた。今居は、そんな空間・時間を提供してくれた灰出のことを改めて尊敬し直していた。

ワークショップも終わりに差し掛かり、最後の質疑応答の時間となった。そこで、出川が手を挙げた。

「経営企画室の出川です。私は灰出先生と普段直接やり取りさせていただくこともあるのですが、あえてこの場で質問をさせていただきます。ビジネス上の成功に、この『WHY』ということを考え抜くというのは、どのくらいの効果をもたらすのでしょうか？

私は普段から、どうしてもあらゆる物事を数字やロジックで考えてしまう人間です。今日のワークショップは、普段頭を使ってこなかったことに頭を使ったということで、個人的には非常に有意義でした。しかし、このワークがどうしてビジネス上の成功、つまり、売上の向上につながるのか、まだ結びつけることができていないのです。

1日という時間があるのであれば、想いの共有ではなく、ノウハウや知識の共有をした方が、明日のビジネスに活かすことができる。そう考えてしまうのです。その点、灰出先生はどうお考えか、ご教示いただけないでしょうか？」

質問をした出川の様子からすると、灰出に反発したいというわけではなさそうだ。普段から本当に疑問に思っていることを聞きたいというような質問の仕方だった。

「出川さん、ご質問ありがとう。出川さんの質問は、実は、私が最も多くいただく質問です。近しい人によく言われてしまうのですが、私はついつい小難しい言葉で話してしまう傾向があるので、わかりやすく回答したいと思います」

そう言った灰出は、今居の方をチラッと見た。おそらく以前、灰出の説明に対し、今居が「わかりづらいですね……」と言ったことを思い出しての発言だったのだろう。灰出は、出川の方に目線を戻して話を続けた。

「結論から言えば、『WHY』を突き詰めて、突き詰めて、考え抜いて言語化することは、ビジネスに決して間違いを生まない、ということです」

そう言い切った灰出を、出川はその言葉の真意を考えながらじっと見つめていた。灰出は言葉を続けた。

「例えば、『最も有名な企業になる』ということを理念の最上位に置く組織は、悪いことをしてでも有名になれれば良し、ということになります。しかし、そういう組織には、不祥事で糾弾されるというリスクがある。特にビジネスの世界ではうまくいきません。

しかし、『〇〇で困っている人のためになる』というような、世のため人のためになる、正しい『WHY』を理念の最上位に掲げる組織は、悪いことをしようとすると、その理念に反するので、しませんよね。逆にそういう組織には人が集まり、応援する人も増えます」

灰出の説明を聞いた今居は、やはりまたわかりづらい説明をするな、と感じていた。しかし、出川は違った。

「なるほど。『WHY』を軸にしていれば、ビジネス上の判断を間違わないし、不祥事を起こすこともない。しかも、その『WHY』が人を惹きつけるエネルギーにもなる、ということですね」

そう答えた出川は、灰出の説明に納得がいったような顔つきをしていた。一方、その様子を見た今居は、「え？」という顔つきだった。

「その通りです。『人々の生活をよりよいものにする』という趣旨の理念を持つ企業の成長率が、その他の企業と比較して4倍も高いという調査データもあります。

最近では、『SDGs《エスディジーズ》経営調査』の上位34社の自己資本利益率（ROE）などの指標が、後続グループの値よりも高い傾向が見られるというデータも出てきました。この調査は、国連の『持続可能な開発目標（SDGs）』に対する企業の取り組みを調べ、格付けしたものです。つまり、持続可能な世界をつくることに積極的な企業ほど、利益を上げているということです。『WHY』を追求することによって、既存のビジネスにしがみつくということもなくなります。既存のビジネスがその『WHY』を達成できないと判断する時は、そのビジネスから撤退するという選択もできるからです」

灰出の表情は終始にこやかだった。

「よくわかりました。ありがとうございます」

出川は満足そうな様子で答えた。すると、ワークショップ会場全体の空気も円満になり、拍手が湧き起こった。ただ一人、今居だけが取り残されたような気持ちになって憮然《ぶぜん》としていたが、ワークショップはそのまま終了した。

ワークショップ終了後、灰出のもとに何人かの人が集まり、名刺交換が始まると、今居は灰出に話しかけるタイミングを見失ってしまった。

「仕方がない。後で飲みに行くんだから、個人的に質問するか……」と、今居がつぶやくと、それを耳にした出川が話しかけてきた。

「今居、独り言が聞こえたぞ。お前、灰出先生と元々知り合いなんだろう？　灰出先生とミーティングをした時に聞いたぞ。で、今日飲みに行くのか？」

「ああ、元々サッカー部の監督と選手の関係だからな……。今日、俺から『飲みに行きませんか』と誘ったんだ。ＯＫしてくれているよ」

「俺も連れて行ってくれ。ちょっとまだ聞きたいことがあるんだ」

「ああ、いいけど……」と、今居が言い終わるか終わらないかのうちに、「じゃ、後ほど、店を連絡してくれ。俺も仕事が片付いたらすぐ向かう」と言って、出川は立ち去っていった。

生気がみなぎる出川の背中を見送った今居は、なんだか自分が、灰出と出川が進めているプロジェクトから仲間はずれにされているような感覚に陥り、トボトボと会議室を出て、約束した店へ一人先に向かった。外は冬になったばかりの冷たい風が吹いていた。

組織の「WHY」を自分の言葉で語る

「先生、なかなか来ないな。まさか出川と話し込んでいるのか……。いや、その何がいけないというんだ、俺の馬鹿め……」

店に一人早く到着した今居は訳のわからないことを独り言《ご》ちながら、すでに酔っぱらってしまっていた。灰出からの連絡はまだなく、来ると言っていた出川も来ていなかった。

今居が一人でビールを飲み始めてから30分ほどが過ぎた頃、個室の扉が開いた。

「おう、待たせたな。すまん、すまん」
灰出が部屋に入るなり、今居に謝った。出川も一緒だった。
「先生と少し話してて、遅くなった」

やはり二人で会話していたのか……と、今居は内心穏やかではなかった。インナーブランディングの提案は、自分が意を決して社長にやったものなのに……という気持ちだった。

「一人で楽しく飲んでいましたので、もう少し、二人で話をしていただいていても大丈夫でしたけどね」

今居は皮肉にもならないようなことを言った。すっかり蚊帳の外に置かれてしまったような気持ちになっていた。

「ん？　何言ってんだ？」と、出川が笑った。そして、灰出の分も含めてビールを二つ頼んだ。冷えたビールがすぐに届いて、乾杯となった。

「完人《かんと》、今日のワークショップどうだった？」

灰出が口についたビールの泡を拭きながら聞いた。

「え、今日のワークショップですか？　楽しかったですよ。他の部署の話も聞けましたし」

「そうか。お前のグループは結構盛り上がっていたからな。どんな話が出たか覚えているか？　完人のことはあまり心配してないんだが、周りの人間から、どのくらいのレベルの話が出ていたかが気になってな」

灰出が真面目な顔で質問をした。

「よい話がたくさんありましたよ。工場の倉庫で生産管理をしている人がいたのですが、彼の仕事の内容や体験談は僕にはとても新鮮でした。普段は、工場で納品物に欠陥がないか管理したり、欠品がないか確認したり、物流会社とやり取りして商品が滞りなく円滑に納品されるようにしたりという仕事を担当しているそうです。ところが、ある時、お客様から大きなクレームが入り、その対応のために営業と一緒に会社を訪問しなくてはならないことがあったそうでして」

今居は灰出の質問に答えながら、ビールをグッと飲んだ。

「ああ、最近の話だろ、それ」

出川がそう言った。今居はうなずき、続けて話した。

「ああ。半年前くらいの話かな。

お客様は自動車の部品メーカーで、納品物にちょっとした欠陥があって、怒ってらっしゃったと。最初は頭ごなしに怒られ続けたそうですが、言い返したくなるようなこともグッとこらえて、相手が怒りを吐き出し終わるのを待ったそうです。営業から、そうしたら相手の怒りは収まるからとアドバイスを受けていたようで。

彼は営業に言われた通り、押し黙って、お客様のお話を聞いていたのですが、『なぜSOZAIに発注したのか』『なぜSOZAIでなくてはならなかったのか』という話の内容を頭の中で整理すると、SOZAIへの期待度が相当に高いということが感じられたのだそうです。

そのお客様は当社とは長い付き合いのようで、今の営業担当のことだけでなく、前の営業担当のことや、その上司のことも知っていました。さらには、納品した素材の研究に従事した研究職の人間の論文までしっかり読み込んでいて、その人の名前まで出してきた……。

それでこう言ったのだそうです。『ここまで貴社を信頼してきたし、仕事のプロセスには非常に満足していた。しかし、最後のところでのミスはあり得ないものだ。このレベルのミスは過去の先人たちの努力を踏みにじるようなものだと思う』と、おっしゃったそうです」

今居の話を、灰出は目を大きく開いて集中して聞いていた。

「ふむ、それで？」

「そこで、彼は気が付いたそうです。工場の倉庫で生産管理をしている仕事というのは、単に倉庫にある品物の数を数えたり、欠陥がないかをチェックする仕事ではない。多くの人の期待に応えるための努力や汗の結晶がお客様に最後に届けられる直前の、いわばフィニッシャーなのだと。結果的に、そのお客様は溜飲を下げてくださったそうですが、そこから仕事への向き合い方が変わったと言っていました。

すべての仕事の前と後ろには人がいて、すべてつながって価値になっているということに気が付いたと。そういう話でした」

今居は思い出しながら、少し笑顔になった。灰出も笑った。

「なるほど、よい話だな。

会社の規模が大きくなると、自分の仕事がどこにどうつながっているかということを見失ってしまい、線ではなく点で考えるようになってしまうことがよくある。そうなると、他の職種の人間の悪口ばかり言うようになってしまい、気が付けば、隣にいる人と高い壁をつくってしまうんだ。特に顧客やエンドユーザーと接することのない職種はそうなってしまいがちなんだが、そのエピソードは、まさにそんな状況を脱して成長した好例となるような話だな」

灰出がうなずきながら答えた。

「そうですね。さすが管理職ということもあって、みんな、それぞれの仕事での成功体験があり、その中での気づきがあって、今のポジションに就いているんだな、ということが、グループワークをやって得た気づきかもしれません。明日から自分もやってみようかなと思えるような話が多かったですね」

今居の答えを聞きながら、灰出は満足そうに微笑み、グラスを傾けていた。

「確かに参加者のアンケート結果もよかったですしね。実は、ワークショップ形式の研修は少なからず実施しているのですが、今回の内容は非常によかった、大変満足という回答が多かったのも印象的でした」

出川が会話に入ってきた。

「そう言ってもらえると嬉しいですね」

灰出と出川はお互いに敬語で話をしてはいた。しかし、二人の会話を聞いた今居は、そこに時間を共に過ごした者同士に見られる親密な空気感があることを感じ取り、また蚊帳の外に置かれているような気持ちに襲われた。

「しかし、先生。あのワークショップは、どうエンゲージメントの向上につながるのでしょうか？　イベントの開催に始まり、映像やポスターの提示、理念を記したクレドカードの配布など、様々な施策を打ってらっしゃいますが、エンゲージメントのデータにはまだ大きな変化は見られないという話を聞きました。ある社員からは、部長陣の中でも批判的な態度を裏で取っている人がいると話を聞いています」

今居は焦って会話に入ろうとして、灰出が気を悪くするかもしれないことまで、ベラベラと話してしまった。

「誰がそんなことを言っているんだよ？」

出川が少しトゲのあるような声で、今居に尋ねた。

「出川さん、私は大丈夫ですよ。今居、お前がそういう疑問を抱いているだろうということはわかっていたよ。いや、お前が疑問を抱くというよりは、現場でそういうリアクションが少なからずあるということは、ある程度織り込み済みで動いているんだ」

灰出に、強がって言い返したという様子は全くなかった。むしろ、思惑通りだったと言わんばかりの口ぶりである。

「どういうことですか？　僕は組織の変革がうまくいってないんじゃないかと……」

「今日のワークショップで最後に、出川さんからの質問で、組織が『ＷＨＹ』を追求することによって、ビジネスは間違った方向には行かず、人も惹きつけられるという話をしただろう。まだ、組織に『ＷＨＹ』の種を植えた状態に過ぎない。今はその植えた種が発芽し、個々が動き出すのを後押ししているフェーズなんだ」

「そう！　そうだ、その話がまだ腑《ふ》に落ちてなかったんですよ。灰出先生と出川は阿吽の呼吸のように同調していましたが、みんな、蚊帳の外でしたよ！」

今居は、自分が一番蚊帳の外にいるような感覚に陥っていたことを棚に上げ、発言した。

「なんだ、お前、今日の先生のワークショップは、あそこが肝だぞ。意味がわかってなかったのかよ」

出川が口を挟んだ。今居は出川を無視して続けた。

「先生、あの発言の意味をもう一度詳しく教えてくださらないですか。メモもきちんと取っていますよ」

今居はバッグから手帳を取り出して、読み上げた。

「〝正しい『WHY』を理念の最上位に掲げる組織には、人が集まり、応援する人も増える〟そうおっしゃっていましたね。なぜでしょう？」

今居は、灰出の目を真っすぐ見て質問した。

［図表28］　組織がたどる成長曲線

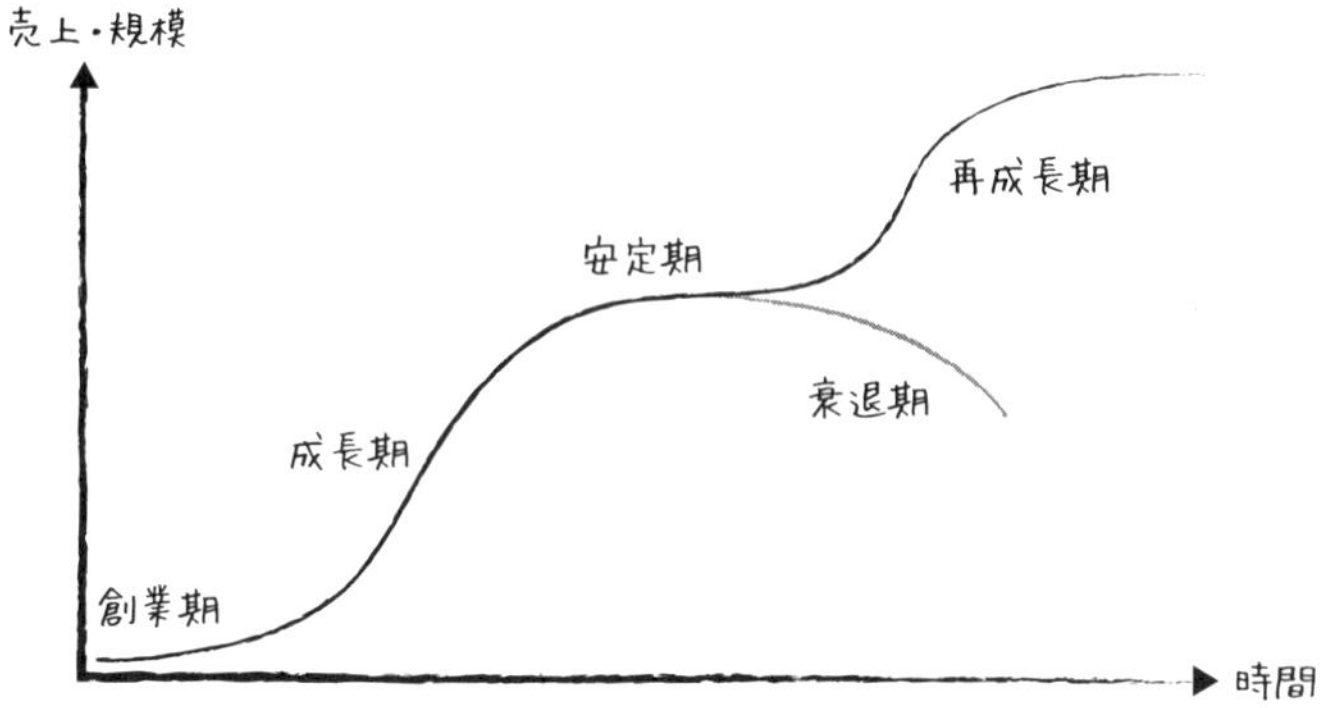

「久々だな、こういう会話も。わかった、説明しよう」

灰出は今居の持っていた手帳を奪い取り、手帳に挟まっていたボールペンを取って図を描きながら説明を始めた（図表28）。

「また、サッカー日本代表で例えよう。トルシエ監督の時の代表的な戦術は何だ？」

「フラット3ですよね。最終ラインにディフェンダー3人をフラットに並べて高く押し上げ、スペースを敵に与えず、ゾーンで守り、オフサイドトラップを積極的に仕掛け、素早く攻撃に転じる、という戦術です」

「そうだ。これはトルシエ監督からジーコ監督に交代してからは使われなくなったが、例えばトルシエ監督の掲げたこの『フラット3』という戦術をその後の日本代表が10年も20年も使い続けていたら、どうなったと思う？」

「え？　う〜ん……。数年はそれで勝つこともできるでしょうが、どこかで限界を迎えるでしょうね。時代遅れになって、通用しなくなると思います。敵チームも日本代表の攻め方を研究してきて、世界ランキングもどんどん下がっていってしまうでしょうね。この図で言えば、衰退期に入ってしまうと思います」

「そうだろう。それが、俺が思う、ＳＯＺＡＩで起ころうとしている、いや、起こっている事態なんだ」

「え⁉　そうなんですか？」

「ああ。元々、ＳＯＺＡＩはトルシエ監督が掲げたような種類の言葉が割と多かったんだ。決まりごと系の言葉が多かった」

「ＳＯＺＡＩの理念は、『品質こそ信頼の源』、ですかね。元々あったのは」

「そう、まさにその言葉だ。その言葉は少々形骸化してしまっていたので、知らない社員も多いのだが、言葉の裏には『お客様のために汗をかけ』とか『約束を破ることはあってはならない』とか、創業者である史輪《ふみあき》会長が社員に守ってほしい行動のルールがたくさん隠されていた」

「確かに、いくつかは聞いたことがあります。上の人の口癖でもありますね」

「成長期の企業では、理念の中心にこういう決まりごと系の言葉を置く組織が少なくない。トルシエ監督時代の日本代表もまさにそうだったと言える」

「ふーむ、確かに。トルシエ監督の時代は、日本代表が急激に成長していった時期と言えますもんね」

今居がうなずきながら答えた。

「決まりごと系の言葉は成長期の拡大を引っ張ってくれるのだが、長らく使われ続けてある程度組織も拡大していくと、弊害が起こる」

「何が起こるんでしょう？」

出川が会話に割って入ってきた。

「組織の構成員一人ひとりの考える力が失われるんです。組織が大きくなってくると、決まりごとを守らせるために、組織のあちこちにルールが敷き詰められてくるからです。そこに、チェック機能まで整備されてくるとなおさらです」

灰出は出川の方を向いて答えた。出川がうなずき、なるほどと言おうとした瞬間、それを遮って今居が質問した。

「なぜですか？　決まりごとを守ることができれば、お客様から見れば、どのSOZAI社員が来ても同じようなサービスを提供してくれる。それはよいことしか生まないんじゃないですか？」

「いや、なかなかそうはいかないんだ。一般企業がスポーツチームと最も大きく違う点は、組織の人間の入れ替わりが少ないことにある。

その決まりごとをつくった人間がいるうちはまだいい。しかし、数十年の時間が経ち、社長も2代目・3代目と移り変わっていくと、その言葉が元々持っていた本来の目的に対する理解が薄れていき、大量のルールだけが残っていく。また、その間に組織が大きくなっていくと、中間管理職が増えていき、ルールを守ること自体が正義という風潮も出始める。そうなると、手段が目的化し始める。

つまり、何のためにそのルールがつくられたのかを忘れて、ルールを守るために仕事をするような状態になる。その結果、組織が硬直化して、気が付けば『大企業病』と呼ばれるような症状が出始めるんだ」

「組織の構成員が全員、本来の目的を忘れるんですね……」

今居が答えた。

「その通りだ！　フラット3は、元々は日本代表がワールドカップに出場し、予選を突破するためだけでなく、日本のサッカー界のその後の発展のためにつくられたような素晴らしい戦術だった。もちろん、応援する日本のファンのためでもあった。それでも、長年使われ続けていくと、元々の目的が忘れられ形骸化する。それでも、その決まりごとが時代に合い続けてくれればいいんだが、なかなかそうはいかない」

「確かにおっしゃる通りです」

出川がなるほどという風に答えた。

「そこで、安定期を抜けて、再成長期へと成長を促すものが必要となる。それが『WHY』だ」

灰出が自慢げに言った。

「えっと、結局、どういうことですか？」

今居はまだ理解できない、という顔をして灰出に質問した。

「つまりだな、硬直化した組織を打ち壊すのに必要なのは、すべての最上位に『そもそも何のためなのか』を定義して置くことなんだよ。『何のためなのか』を突き詰めて、何度も何度もみんなで議論を繰り返して考えることが重要だ。それが時に、組織の決まりごとを見直すきっかけを与えてくれる。

『ＷＨＹ』を一度置いたら、それを実現するために、全部見直しをかけるんだ。例えば、サッカーの戦術も、練習方法も。企業で言えば、経営陣から発信するメッセージも、研修も、制度も、人の採用の仕方も、人と人とのコミュニケーションのルールも。何もかもすべて。

そうしているうちに、組織の中でこれまでになかった新たなことを実現しようとする個人が出てくる。その『ＷＨＹ』に強烈に共感して頑張りたいと思う誰かが、思ってもみない方向から硬直化した組織の壁を壊し始めるんだ。

そんな個人を周りにいる人間が馬鹿にするようなこともあるし、上司が足を引っ張ることもあるだろう。しかし、『ＷＨＹ』を実現するために、それでも頑張って続けていくと、いつか道が拓《ひら》けて光が見えてくる。光が見えてくれれば、助けてくれる仲間が増える。仲間が増えて、結果も出始めると、組織として取り組もうという話になる。そしてようやく、組織は再成長期のフェーズに突入することができる」

灰出はそこまで言って、手に持っていたビールをグッと飲み干し、今居を見た。そして、にっこりと笑って、こう続けた。

「社長が言っていたぞ。その小さな光は、お前のことだと」

「え……!?」

今居は驚いて言った。

「お前、今、ヘルスケア・ライフサイエンスの分野で、看護師向けの医療器材の新規事業に注力して頑張っているだろう。あの活動が、まさに、これまで俺が説明してきたことを体現した事例に他ならない」

「え、でも、僕は会社の『WHY』のために、というよりは、自分が興味がある分野だから頑張れている、というのが本音ではあるのですが……。あれは、会社のため、というよりは、自分の母が昔に医療事故で亡くなっているので、頑張れているというか」

「それでいいんだよ。そのお前個人の『WHY』は組織の『WHY』とマッチしている。新しく掲げたSOZAIのミッションは『あたり前を、より良く』だ。これには、古《ふる》井《い》二《に》一《いち》社長の考えが色濃く反映されているのだが、『あたり前』という言葉には、その人が日々過ごしている生活環境・仕事環境、その人を取り巻く常識などが含まれている」

「ええ、二一社長の発表をよく覚えていますから。とても共感しています」

「お前の取り組んでいることは、そういう『あたり前』への挑戦だろう」

「おっしゃる通りですね……」

「そうやって、自分の言葉で、組織の理念を語る個人がたくさん出てくる組織が、強いんだよ」

灰出が、ふっと笑って言った。

「俺はてっきり、お前がそうわかって、その領域を選んだんだと思っていたけど、そうじゃなかったんだな」

出川も笑っていた。出川も笑っているのを見て、今居はなんだか自分でも笑えてきた。

「はは、そうか。俺って、結構なこと、してたんだなあ……」

今居は、ここ最近の出来事を思い返して、少し涙ぐんでしまった。

「何、泣いてんだよ。大丈夫か」

出川が笑いながら言った。

「俺が、古井社長の言葉をこっそりお前に伝えたこと、言うなよ」

灰出は笑いながら釘を刺した。そして、続けた。

「お前みたいなやつがたくさん出てきて、ロールモデルとして称賛され始めるようになり、みんながそういう状態を目指すようになれば、組織はみるみる変わっていく。まだ、SOZAIはようやくそのスタートラインに立ったに過ぎないんだ。お前は、以前から古井社長に目をかけられていて、引っ張り上げられようとしている。しかし、そうじゃないところからも芽が出てこないといけない。そういう芽を出すために、今日のようなワークショップがあるんだよ」

「そういうことだったんですね」と、相槌を打ったのは出川だった。

「そうです。ここから、会社のキーパーソンと思わしき人間すべてに、同様のワークショップを実施をしていきます。エンゲージメントのデータが少しずつよくなっていくのは、この後です。

この再成長期は、人の入れ替わりも多少激しくなるので覚悟しておいてください。ビジネスモデルが変われば、スペシャリティ（専門性）のある人間が不要になることもあるし、組織がさらに拡大すれば、その組織のマネジメントに必要な人間もまた別で発生する。この間は、組織の再整備が必要になり痛みを伴うこともありますが、膿を出していると思ってほしいですね」

灰出が出川に敬語で答えた。酔ってきているのか、少し崩れた敬語になっていた。灰出は、出川に説明を続けた。

「その後、実際に動き出している完人のような人間を会社のロールモデルとして称賛する動画を作成し、全社に共有します。その人間には、理念を自分の言葉で語ってもらって、実際に挑戦している悪戦苦闘のエピソードを共有してもらう。そうすることによって、理念がエピソードとなり、そのエピソードが若手の社員の刺激となる。若手社員にはそこからヒントを得て挑戦してもらう。その繰り返しが重要なんです」

「それが、『ターニング・プラン』（231ページの図表25）のスケジュールにあった『⑪ロールモデルとなる活動をしている社員を取り上げ、イントラ内で共有』『⑫最も素晴らしい活動（ベストプラクティス）を取り上げ、表彰式などのイベントで共有』というプロセスなんですね」

出川が思い出しながら話した。今居も、確かにそんなようなことが一度発表されていた、というような様子でうなずいていた。

「先生、そういえば、社外向けにブランドメッセージを発信する、ということも、プランに入ってなかったですか？」

今居がハッと思い出して尋ねた。

「よく覚えていたな。入っているよ。外向けのブランドメッセージの発信は、少し慎重にしようと思って、俺が古井社長にもう少し待ってくれと言っているんだ」

「そうなんですか。なぜですか？」

今居が尋ねた。

「社内が白けてしまわないようにさ。よくある失敗は、新しく策定したブランドメッセージを、社内の共感を得る前に焦って発信してしまうことなんだ。社内の共感が得られていなければ、そのブランドメッセージを体現する社員はいないということだから、そのブランドメッセージは有名無実化して、会社の評価を毀損《きそん》するというのに、ここのやり方を間違える会社は多いな。ＳＯＺＡＩにはその轍《てつ》を踏んでほしくないと思ってな。ヒーローやヒロインが社内に誕生してからの方が、いいんだよ」

「これですよね」と、出川がバッグから紙（131ページの図表16）を取り出した。

「そう、これです。レベル1からいきなりレベル4に飛ぶと、社員はみんな置いてけぼりになります。これは絶対にやってはいけない。しかし逆に、レベル2とレベル3を踏まえてから、つまり、しっかりインナーブランディングを実行した上で、外向けにブランドメッセージを発信すると効果的です。

新聞だったり、交通広告だったり、テレビだったり、社員の家族などが目にするメディアに、自分の会社のことが取り上げられると、それを社員が誇らしく感じられるようになります。例えば、『これ、お父さんの会社だよね？』と子供に聞かれたとして、それに対してお父さんがしっかりそのメッセージの意味を子供に答えることができると、子供は『お父さんの会社、すごいね』という話になります。そうなると、お父さんは誇らしいですよね。こういう状態になると、その社員のエンゲージメントはさらに高まります。私はそれを狙っています」

「なるほど。しかしそうなるには、こういう今居のようなやつが頑張らないと、ですね」

出川は笑って、今居の肩を叩いた。

「全くその通りですね」

灰出も今居の肩を叩いて、笑った。

「何ですか、二人して」

そう言って、今居も笑った。今居には蚊帳の外に置かれているという感覚はもうなくなっていた。

外では冷たい風が吹いていたが、三人の周りには温かな空気が流れていた。親密で楽しい、まるで文化祭終わりの友達同士のような語り合いの時間であった。

忙しい師走が終われば、また年が明け、寒い季節を越えて、また草木が芽吹く春がやってくる。季節はそのように繰り返す。ただ、今居は、この冬の日にここで飲みながら語り合ったことはずっと忘れないだろうと、飲みながら感じていた。

解説

組織の存在意義を定義すると、組織が成長する理由

近年、「パーパス」という概念がブランディングの考え方において重要視されるようになってきました。パーパスとは直訳すると、「目的」です。しかし、この直訳ではその真意を伝えきることはできません。

フェイスブックの創始者であるマーク・ザッカーバーグ氏は、**パーパスのことを「何か自分より大きなものの一部である、必要とされている、その先に何かよりよいものがあるという、そういう感覚。真の幸福をもたらすもの」と定義しました。**

パーパスは、「ミッション、ビジョン、バリュー」で言うところの、「ミッション」に近しい概念であると、私は考えています。ミッションは、組織における「使命」や「存在意義」などと訳されます。平たく言えば、「なぜその組織が存在するのか」ということです。

P&Gの元グローバルマーケティング責任者であるジム・ステンゲル氏は、著書の『GROW 本当のブランド理念について語ろう』（池村千秋訳、CCCメディアハウス）で次のように語っています。10年間にわたって世界の5万以上のブランドを追跡調査したデータによれば、「人々の生活をよりよいものにする」という理念を掲げる会社は、アメリカの

代表的な株価指標であるS&P500を構成する企業の平均に比べて、4倍もの投資利益率（ROI）の伸びを実現している、と。

では、組織の存在意義を定義すると、なぜ組織が成長するのかと言えば、本文の中で灰出の説明を出川が要約していた通り、**「『WHY』を軸にしていれば、ビジネス上の判断を間違わないし、不祥事を起こすこともない。しかも、その『WHY』が人を惹きつけるエネルギーにもなる」**ということだろうと、私は考えています。

また、この「パーパス」という文脈があったからこそ、「エンゲージメント」の注目度も近年増してきているのです。エンゲージメントは、一言で言えば、「〇〇のために貢献しようという意欲」であると、第1章で説明しました。組織がこの「〇〇」を定義することが、すなわち、インナーブランディングに他なりません。エンゲージメントとパーパス（＝ミッション）は表裏一体の関係にあります。エンゲージメントを高めたいのであれば、まずパーパス（＝ミッション）を定義することがスタートとなります。

終章

エンゲージメントとは「ここで働き続ける理由」でもある

自分のしている仕事に誇りを持てるか？

「ねえ、ここらへん、全然変わってない。懐かしいねえ、昔、付き合っていた頃に二人で来たのよね」

今居《いまい》の妻である帆奈《はんな》が、今居に話しかけた。二人は15年目の結婚記念日に、娘を実家に預け、二人きりで北海道旅行に出かけていた。

「ああ、懐かしいなあ。15年前のあの頃とちっとも変わってない」

「最近、完人《かんと》くん、とっても元気ね。数年前は、一時期元気を失《な》くしていたような時期もあったけど、最近は本当に楽しそう」

「うん、仕事が楽しいからね。社長に提案したあの日から、結局、インナーブランディングを任されるということはなくて。新規事業に集中して」

今居が二一《にいち》社長に提案してから、すでに6年が経過しようとしていた。

「新規事業がうまくいき始めて、何人かの人をつけてもらった矢先に、予算を大幅にショートしてしまって……、事業を撤退するかというような苦しい時期もあったけどなあ。二一社長からは『お前は本当に数字に弱すぎる。お前に事業を任せていたら、うちの会社は潰れる』くらいまで言われてさ……」

今居は頭をポリポリとかいた。

「それは今、初めて聞いた」

帆奈は笑った。

「まあでも、結局は、軌道に乗せることができて……。あっという間だったけど、本当に最近は充実している」

「最近のあなた、好きよ。すごく充実しているように見えるもの。ねえ、ところで、これまであんまり聞くこともなかったけど……。新規事業は軌道に乗ったって聞いたけど、会社全体は最近どうなの？　灰出《はいで》先生の組織変革はうまくいったの？」

「株式会社ＳＯＺＡＩの実施した『ターニング・プラン』は成功した、と言えると思う」

今居は、少し考えてから答えた。

「エンゲージメントのデータも下がったり上がったりを繰り返しながら、徐々に改善されていったんだ。俺のように、新規事業を興そう、と思う者もいれば、既存事業の見直しを図ろうとする者もいた。時代の流れもあってか、社外の人を招いた勉強会なども増えて、閉塞的《へいそく》だったＳＯＺＡＩの文化は少しずつ変わっていった。

でも、その変化の中で、去っていく者も多かったのは事実だ。灰出先生からはあらかじめ言われていたんだが、スペシャリティが高い人間が去っていくことも多かった。実は、その中の一人が鳥谷《とりがや》だったんだ。詳しく話したことはなかったけどな」

「鳥谷さん。ああ、完人くんが率いる新規事業プロジェクトチームのメンバーだった人ね」

「鳥谷は、持ち前の地頭のよさもあって、若手ながら組織のエースとして活躍し続けてくれた。すぐに、チームを持ち、部下を持った。しかし、ある時、外資系企業からの引き抜きがあり、突然去ることとなった。鳥谷の送別会で、直接こう言われたんだ。

『会社が変わって、売上も利益も改善して、規模も拡大して、素晴らしいことだと思います。でも、私が今居さんと一緒に動いているこのチームは、会社の中では新しいチャレンジだから人数も少なくて……。すぐに私はプレーヤーではなくマネジメントの方の業務を増やさざるを得なくなってしまいました。しかも、私の部下になる人は中途入社の人で、私より年上の人も多くって、結構苦労しました。そういう差配をしたのは今居さんだから、今居さんはわかっていたと思うけど、本当は、もっとプレーヤーをやってみたかったんですよね。もっと自分の力を試せるような場に行ってみたくなってしまったんですよ』

ってな。

鳥谷が退職するのは俺の責任ではない、とも思ったが、俺が鳥谷のことを重宝していたため、彼女に活躍の場を与えられなかったことに、自身の力のなさを感じたよ。一時期は、情けない気持ちになっちゃったこともあったな……」

今居は鳥谷のことを思い出しながら話した。

「そう。酔っぱらって、トボトボ家に帰ってきて、『俺は全然ダメなやつだ』なんて言ってた時もあったから……。あの時は、どうなっちゃうのかと思って心配した」

帆奈は笑いながら言った。

「でも、今は仕事が楽しいよ。自分が、社会に大きく貢献できるような予感に包まれて仕事をするのは、学生時代にも経験したことのないような素晴らしい体験だよ。

いつの頃からだろう。自分のしていることに誇りを持てるようになった……。学生時代は、テレビに出ている芸能人やスポーツ選手のような人物になりたがっていたのにな。そういう人たちを異次元の世界の人と思って、憧れていた。それが、いつの間にか、彼ら彼女らもすごいが、自分のやっていることもすごい、と思えるようになって……、自分も社会の役に立っている、という感覚を持てるようになっていた……」

「ねえ、これからもSOZAIで働き続けるの?」と、帆奈に突然聞かれて、今居は驚いた。そんなことをこの6年間で一度も考えることがなかった。しかし、すぐに答えが浮かんできた。

「うん、SOZAIが『あたり前を、より良く』するための企業である限り。俺の場合は、『医療ミスをなくす』っていうことなんだけど、その目的を達成しようと思ったら、ここが一番かな。そのためにも、新規事業をもっと大きく成長させないとな」

それが、今居の口をついて出た言葉であった。

おわりに

主人公の今居は、私自身でもあります。

何を隠そう、私も、エンゲージメントの重要性と、その力を日々実感しながら、「揚羽」という会社で働く、サラリーマンの一人だからです。

私は、2017年のある日、「日本のサラリーマンを元気にする」という志を立てました。

きっかけは、「『熱意ある社員』6％のみ　日本132位」という日本経済新聞の記事でした。「米国の32％と比べて大幅に低く、調査した139カ国中132位と最下位クラスだった」という内容でした。

この記事を読んだ瞬間、衝撃が走りました。「そうだ、これが問題だ。これを俺は解決したい」と、心の底からそう思いました。そこから、この課題の解決に集中特化して、自分自身のサービスラインナップやビジネスプランを立て直し始めました。

その頃は、事業責任者としての業務を担うようになったほか、プライベートでは第一子が産まれて、本当に目の回るような毎日でした。ただ、「俺は日本のサラリーマンを元気にするぞ」と考えるとエネルギーが湧いてきて、「いくらでも頑張れる」という感覚で仕事をしていました。その気持ちは、今でも続いています。

本書の冒頭に「言葉は存在の家である。」という哲学者マルティン・ハイデッガーの言葉を掲げたように、「言葉」の持つ力は底知れないものがあります。わずかな表現の違いが、その言葉を使う人や組織のあり方に影響を及ぼします。

私は大学のゼミ生時代に哲学を専攻していましたが、この本で紹介しているインナーブランディングの考え方には大学で学んだ哲学の知見が生かされています。そのような背景もあり、登場人物の名前はすべて、哲学者の名前をもじってつけています。たとえば、今居完人はイマヌエル・カント、灰出巌はマルティン・ハイデッガーから拝借しました。出川徹はルネ・デカルト、古井二一はフリードリヒ・ニーチェです。

振り返ると、先の新聞記事との出会いが、自分の働く意義に初めて気が付いた瞬間だったように思います。社会人9年目のことでした。

幸いなことに、揚羽の企業理念は「未来の一歩を創りだす」で、私自身の志とだいぶ重なり合う部分があります。まさに、この「言葉」があるからこそ、私は揚羽という会社で働き続けています。

最後に、この本を出版するにあたり、その機会や知見を提供してくれたみなさまへの感謝を書きたいと思います。

まずは、「本出しなよ」と言って、きっかけをくださった株式会社揚羽の社長・湊剛宏さん、ありがとうございます。若手時代から数えると、何度叱られたかわからないほどですが、成長する機会を与え続けてくださったことに心から感謝しています。そのおかげで、この本を書くことができました。

高瀬健二さん、忽滑谷勉さん。お二人の教えが、研究者肌である私をビジネスの世界で成功するようにと、常によい方向に導いてくださっています。

同期で入社した、佐々木翔一さん。本文で登場する出川は、君をイメージして書いています。一番スラスラとセリフが出てくるキャラクターは、出川でした。

共に学び合い続けているブランドコンサルタントグループの佐藤考良さん、高井大地さん、古田啓祐さん、早乙女進一郎さん、板倉正明さん、鳥海裕乃さん。みんなの知見があったからこそ、子細に書き進めることができました。

その他、挙げきれませんが、揚羽で働くみんなの技術力や知識やスキルがあってこそ、価値をお客様や社会に提供できていると感じています。ありがとうございます。

社外においては事例の掲載にあたり、快く相談に乗ってくださったサントリーホールディングスの服部亜起彦さん、ＬＩＸＩＬの村上修司さん、サイボウズの福西隆宏さん。その取り組みをもっともっとたくさんの人たちに知ってもらいたい方々です。本当にありがとうございます。

そして何より、執筆活動を支えてくれた妻の可奈。家族のみんな。いつも優しく応援してくれたことを、深く、深く、感謝いたします。

[著者紹介]

黒田天兵（くろだ・てんぺい）

株式会社揚羽　ブランド戦略プロデューサー

1985年、神奈川県生まれ。青山学院大学国際政治経済学部卒。企業の理念そのものから見直すブランディングの専門家として、大小を問わず多種多様な企業や協会、スポーツ団体などの組織の理念策定とその浸透活動に携わる。2017年にはシンクタンクから依頼をされ、インナーコミュニケーションの実績・ノウハウをまとめた「インナーに効く打ち手100」を制作。2018年には従業員エンゲージメントに特化したオウンドメディア「BraBo!」を立ち上げ、編集長に就任。業界専門誌『BtoBコミュニケーション』（日本BtoB広告協会）への寄稿実績あり。企業や研究会など、様々な場に呼ばれ講演を多数行っている。

株式会社揚羽
URL：https://www.ageha.tv/
TEL：03-6280-3336
MAIL：info@ageha.tv

組織《そしき》は「言葉《ことば》」から変《か》わる。
ストーリーでわかるエンゲージメント入門《にゅうもん》

2020年2月28日 第1刷発行

著者　黒田天兵
発行者　三宮博信
発行所　朝日新聞出版
〒104-8011 東京都中央区築地5-3-2
電話　03-5541-8814（編集）　03-5540-7793（販売）
印刷所　大日本印刷株式会社

 ISBN978-4-02-331861-8